A CONTRATAÇÃO DO APRENDIZ COM DEFICIÊNCIA

Leonardo Corrêa Sigolo

Bacharel em Direito pela Pontifícia Universidade Católica de São Paulo. Especialista em Direito doTrabalho pela Pontifícia Universidade Católica de São Paulo PUC/COGEAE. Advogado desde 2002. Atualmente Assessor de Gabinete da Secretaria de Negócios Jurídicos de Santana do Parnaíba.

A CONTRATAÇÃO DO APRENDIZ COM DEFICIÊNCIA

EDITORA LTDA.

© Todos os direitos reservados

Rua Jaguaribe, 571
CEP 01224-003
São Paulo, SP — Brasil
Fone (11) 2167-1151
www.ltr.com.br
Maio, 2016

Produção Gráfica e Editoração Eletrônica: Pietra Diagramação
Projeto de capa: Fábio Giglio
Impressão: Pimenta Gráfica

Versão impressa — LTr 5428.7 — ISBN 978-85-361-8809-6
Versão digital — LTr 8927.4 — ISBN 978-85-361-8819-5

Dados Internacionais de Catalogação na Publicação (CIP)
(Câmara Brasileira do Livro, SP, Brasil)

Sigolo, Leonardo Corrêa
 A contratação do aprendiz com deficiência / Leonardo Corrêa Sigolo. -- São Paulo : LTr, 2016.

 Bibliografia.
 1. Deficientes - Emprego - Brasil 2. Direito do trabalho - Brasil I. Título.

16-02590 CDU-34:331.582(81)

Índice para catálogo sistemático:

1. Brasil : Portadores de deficiência :
Trabalho : Direito 34:331.582(81)
2. Brasil : Trabalho : Portadores de deficiência :
Direito 34:331.582(81)

Dedico este livro à minha família, que unida venceu obstáculos e que presente me faz feliz. Agradeço à Deus, nosso Pai, por tudo.

Agradeço à Pontifícia Universidade Católica por proporcionar-me formação sólida e sensibilidade social. Em especial ao COGEAE e à Professora Dra. Fabíola Marques, pelo concurso valioso.

Agradeço à minha mãe Diná Corrêa Sigolo, pela força e estímulos constantes em minha vida.

Ao meu pai, Fábio Augusto Sigolo, *in memorian,* pelo exemplo de simplicidade.

E por fim à minha querida Paula pelo amor que sustentarei por toda vida.

"Tudo aquilo, portanto, que quereis que os homens vós façam, fazei-o vós a eles, pois esta é a Lei e os Profetas" Mateus 7:12

" A justiça é a primeira virtude das instituições como a verdade é a primeira virtude dos sistemas de pensamento" John Rawls

Sumário

PREFÁCIO 11
INTRODUÇÃO 13
CAPÍTULO 1 – DOS FUNDAMENTOS 17
1.1 Dignidade da Pessoa Humana 17
    1.1.1 Escorço histórico 17
    1.1.2 Dignidade da pessoa humana – alguns contornos 18
1.2 Objetivos e Fundamentos do Estado Brasileiro 21
1.3 Direitos Fundamentais e Dignidade 24
1.4 Dos Direitos Sociais e do Direito ao Trabalho 26
1.5 Princípio da Igualdade 28
    1.5.1 Breve relato histórico 28
    1.5.2 Igualdade formal, material e de oportunidades 31
    1.5.3 Discriminação 33
CAPÍTULO 2 – AÇÕES AFIRMATIVAS VOLTADAS ÀS PESSOAS COM DEFICIÊNCIA 35
  2.1 Fundamentos Filosóficos das Ações Afirmativas 35
2.2 Denominação, Conceito e Fundamentos Constitucionais 39
2.3. Pessoas com Deficiência – Denominação e Conceito 42
2.4 Tratamento Legal Deferido às Pessoas com Deficiência no Brasil 46
    2.4.1 Tratamento constitucional 46
    2.4.2 Tratamento infraconstitucional 50
    2.5 Sistemas de Cotas 55
    2.5.1 Política de emprego para os deficientes – colocação competitiva, seletiva e por conta própria 55
    2.5.2 Definição das empresas 62
    2.5.3 Peculiaridades do contrato de trabalho 66
    2.5.4 Atuação do Ministério Público do Trabalho 70
CAPÍTULO 3 – LEI DOS APRENDIZES 72
3.1 Disposições Gerais de Proteção do Trabalho do Menor 72
    3.1.1 Espécies de trabalho lícito 72

3.1.2 O menor empregado 74
3.2 Conceito de Aprendizagem 78
3.3 Natureza Jurídica da Aprendizagem 78
3.4 Requisitos da Aprendizagem 79
3.5 Formação Técnico-Profissional Metódica 83
3.6 Rescisão do Contrato de Aprendizagem 85
CAPÍTULO 4 – A POSSIBILIDADE DE ADMISSÃO DE PESSOAS COM DEFICIÊNCIA COMO APRENDIZES 87
4.1 A Educação Profissional como Direito da Pessoa com Deficiência 87
4.2 A Aprendizagem da Pessoa com Deficiência 91
4.3 A Cumulação de Cotas da Lei 8.213/1990 e da Lei de Aprendizagem 93
CONCLUSÃO 97
ADENDO 101
REFERÊNCIAS BIBLIOGRÁFICAS 103

Prefácio

Uma das questões ainda muito debatidas no Direito do Trabalho é tratada, de modo seguro e adequado, neste livro de Leonardo Corrêa Sigolo. Tive o prazer de acompanhar o desenvolvimento da obra que foi objeto de monografia apresentada na conclusão do Curso de Especialização em Direito do Trabalho pela PUC/SP.

O autor estudou, com profundidade, a questão da contratação do aprendiz com deficiência, chegando a conclusões que merecem a reflexão do leitor. São diversas as questões tratadas na obra, todas da maior relevância, teórica e prática, a respeito das quais tanto a doutrina como a jurisprudência ainda não têm um posicionamento definido.

O primeiro capítulo trata dos direitos fundamentais, da dignidade da pessoa humana e do princípio da igualdade, com uma abordagem clara e precisa. Em seguida, no segundo capítulo, o autor passa a estudar as ações afirmativas voltadas às pessoas com deficiência, o conceito jurídico da expressão e o tratamento constitucional e infraconstitucional dispensado, com a análise do sistema de cotas, das peculiaridades do contrato de trabalho firmado nestas condições e a fiscalização do Ministério Público do Trabalho.

No terceiro capítulo, o autor aborda as regras gerais relativas ao contrato de trabalho com fundamento na lei dos aprendizes, para finalmente no quarto capítulo, concluir pela possibilidade de admissão de pessoas com deficiência como aprendizes, de forma a permitir a cumulação das leis de cotas dos aprendizes e pessoas com deficiência, garantindo-lhes sua inclusão social e efetivando o princípio do pleno emprego.

Como se vê, diante da clara necessidade de estudo sobre o tema em questão, o livro de Leonardo deverá ser muito bem recebido pela comunidade jurídica nacional.

Fabíola Marques

Advogada. Mestre e Doutora em Direito pela Pontifícia Universidade Católica de São Paulo. É Professora de Direito do Trabalho e Direito Processual do Trabalho da PUC-SP, nos cursos de graduação e pós-graduação. Ex-Presidente da Associação dos Advogados Trabalhistas de São Paulo (AATSP). Ex-Presidente da Comissão Especial de Direito Material do Trabalho da OAB/SP e Ex-Presidente da Comissão da Mulher Advogada da OAB/SP. Conselheira da OAB/SP nos mandatos de 2010/2012 e 2013/2015 e Presidente da Comissão de Relacionamento com o Tribunal Regional do Trabalho da 2a Região no mandato de 2013/2015.

INTRODUÇÃO

Este livro tem por fim tratar do sistema de cotas, ação afirmativa desenvolvida para a inserção de pessoas com deficiência no mercado de trabalho no setor privado.

Destina-se a analisar a possibilidade de contratação das pessoas com deficiência na qualidade de aprendizes, abordando as questões da cumulação de cotas, do sistema de cotas para pessoas com deficiência e dos aprendizes.

Para tanto, iniciamos o texto após observarmos as diversas etapas históricas de desenvolvimento do princípio da dignidade da pessoa humana, desenvolvendo o assunto com enfoque, sobretudo, no pensamento de Immanuel Kant.

Ainda no primeiro capítulo, traçamos os contornos das diversas classificações de Estado e, de forma precípua, o Estado Democrático de Direito, mencionando seus objetivos e sua relação com o princípio da dignidade da pessoa humana.

Elencamos os direitos fundamentais e sua íntima relação com o princípio da dignidade da pessoa humana, suas características como a historicidade, concorrência e limitabilidade, definindo a forma de solução no embate entre direitos fundamentais.

Focamos o estudo nos direitos sociais, mormente no direito ao trabalho, demonstrando a premência de se utilizar, por vezes, dos efeitos entre particulares dos direitos fundamentais, destacando o papel do direito do trabalho no modo de produção capitalista e na busca pela justiça social.

Dentro ainda do capítulo primeiro, tratamos do conceito de igualdade, iniciando o estudo nas diversas concepções no transcurso da história, findando na concepção constitucional adotada hodiernamente.

Seguimos tratando das diversas formas coexistentes da igualdade, com enfoque na igualdade de oportunidades como base para as ações afirmativas.

Encerramos traçando as balizas para que a discriminação seja conforme o ordenamento jurídico, com enfoque no tratamento deferido às pessoas com deficiência.

No segundo capítulo, trazemos os fundamentos filosóficos das ações afirmativas de acordo com os pensamentos de John Rawls, Ronald Dworkin e Amartya Sen.

Já no estudo das ações afirmativas propriamente ditas, focamos no sistema legal de cotas no setor privado para as pessoas com deficiência.

Para tanto, apontamos o conceito de pessoa com deficiência, cujo cerne está no relacionamento social e não na deficiência em si, demonstrando que o paradigma atual é o da inclusão social, cujo conteúdo é dado por normas de cunho constitucional e infraconstitucional, dentre as quais os direitos ao trabalho e à formação profissional estão inclusos.

Analisamos os modos de inserção no mercado de trabalho das pessoas com deficiência que, em atenção ao sistema de cotas, dá-se na forma protegida, sendo que importam para o cumprimento da reserva de vagas os modos de contratação: competitiva, seletiva com adoção de procedimentos e apoios especiais, seletiva com a intermediação das entidades beneficentes quando a contratação se der pelas empresas privadas, seletiva por meio de oficinas protegidas de produção quando a contratação se der pelas empresas privadas.

Vimos que são obrigadas a cumprirem a Lei de Cotas as empresas com 100 ou mais empregados, inobstante o número de estabelecimentos, sendo que a dispensa sem justa causa da pessoa com deficiência ou reabilitada está condicionada à contratação de outra em condições iguais. É papel do Ministério Público do Trabalho fiscalizar o cumprimento das cotas pelas empresas.

No terceiro capítulo, nos detemos ao estudo da aprendizagem, constatando que a falta de qualificação profissional das pessoas com deficiência é o principal fator aventado pelas empresas para o não cumprimento das cotas.

Assim, apontamos as formas lícitas de trabalho do menor e delimitamos suas características.

Adentrando no tema da aprendizagem, após conceituá-lo e determinar sua natureza jurídica, passamos à análise de seus requisitos.

Analisamos a formação técnico-profissional como exigência do contrato de aprendizagem. Definimos quais as entidades autorizadas a promovê-la.

Classificamos a aprendizagem com e sem vínculo de emprego, e encerramos ao tratar das hipóteses de rescisão do contrato de trabalho do aprendiz.

No quarto e último capítulo, tratamos da aprendizagem das pessoas com deficiência, ressaltando ser direito constitucional fundamental a educação, em cujo cerne reside o direito à formação profissional, como demonstram os diversos dispositivos legais elencados.

Afirmamos que no atual estágio de desenvolvimento do capitalismo, a conquista, a manutenção e a ascensão profissional estão atreladas à qualificação profissional. Na medida em que o trabalho digno ultrapassa a simples garantia de sobrevivência, a qualificação tem importante papel para o prestígio e o bem-estar do trabalhador.

Verificamos que a falta de qualificação reflete diretamente na eficácia do sistema de cotas, de maneira que esta política deve ser revista através da adoção do processo de aprendizagem para as pessoas com deficiência.

Defendemos que as cotas de aprendizes com deficiência e as cotas de reserva de vagas devem ser cumuladas, pois a Convenção sobre os Direitos das Pessoas com Deficiência da ONU determina que seja observada a igualdade de oportunidade na formação profissional das pessoas com deficiência.

Logo, com a cumulação de cotas cria-se uma situação inicial mais favorável para as pessoas com deficiência para que, ao final, haja mais igualdade entre pessoas com e sem deficiência.

Esta é uma medida que atende igualmente os empregadores. Visto que no embate entre direitos fundamentais constitucionais, de um lado a propriedade e de outro o trabalho, pelo princípio da proporcionalidade propugna-se pela mínima restrição dos direitos fundamentais.

Ora, é cediço que a classe patronal arca com os custos não só da cota de aprendizes, como também com os custos daquela criada para as pessoas reabilitadas e com deficiência, o que justifica por fim a cumulação.

Finalmente, a cumulação serve à eficácia da Lei de Cotas, pois proporciona ao aprendiz com deficiência o ingresso imediato no mercado de trabalho e permite que o empregador participe diretamente na formação do aprendiz com deficiência, aumentando as possibilidades de contratação.

O presente estudo foi desenvolvido pelo método dedutivo teórico. A principal fonte de consulta foram obras literárias constantes nas referências.

CAPÍTULO 1

DOS FUNDAMENTOS

1.1 Dignidade da Pessoa Humana

1.1.1 Escorço histórico

A origem da dignidade da pessoa humana está no pensamento clássico e no Cristianismo.

No pensamento clássico, antropocentrista, a dignidade era dada pela posição social que o indivíduo ocupava.

No início do Cristianismo, ainda que não se tenha extinguido o regime de escravidão, a dignidade toma outros contornos, que na máxima maior "Amar ao próximo como a si mesmo", trouxe à lume as ideias de solidariedade, de igualdade e, sobretudo, a valorização do ser humano como indivíduo.

A ideia de que Deus fez as suas criaturas à sua imagem e semelhança, ainda no início do Cristianismo, quando se torna a religião oficial do Império Romano, trouxe uma noção decisiva para construção da dignidade humana. Este pensamento segue até os séculos XVII e XVIII quando surge o Iluminismo.

Na Idade Moderna, com o Iluminismo, cujas ideias têm como um dos expoentes Immanuel Kant, a razão humana passou a definir o que seria direito natural, este subjugando até mesmo o Estado. É neste período que o processo de racionalização e secularização da dignidade humana, cujo valor maior é a liberdade, acontece.

Com a finalidade de se criar uma ciência análoga às ciências naturais, o direito passou para o império da Lei e da codificação. O racionalismo foi a ponte para transpor o Estado feudal teleológico para o Estado positivo ou científico da nova sociedade.

A Lei, como vontade geral personificada, construída sobre o primado da liberdade, igualdade e propriedade, excluía qualquer outra fonte de direito e qualquer outro princípio supralegislativo, tidos como mera exortação.

O princípio da dignidade da pessoa humana, mantendo-se a noção de igualdade em liberdade e dignidade de todos os homens, torna-se valor intrínseco do homem, considerado como um fim em si mesmo, não sendo passível de coisificação.

Há por fim um último período. Em face das atrocidades que marcaram a Segunda Guerra Mundial, tornou-se premente a entronização do princípio da dignidade da pessoa humana, que passou a ser um princípio maior constitucional.

Esta nova fase de valorização da dignidade humana coincide com o fim do positivismo jurídico, na medida em que a obediência cega à Lei, argumento de defesa utilizado no Tribunal de Nuremberg, divorciou o Direito da realidade, da vida e da justiça.

O positivismo restou ineficaz para garantir o fim precípuo do Direito: a justiça. O que se verificou, mormente com os regimes fascista e nazista.

Surge então a crítica a este sistema. Neste contexto, o pós-positivismo rompe a divisão existente entre a ética e o direito, centralizando o papel dos princípios, não mais relegados a segundo plano, meramente de cunho valorativo, ou seja, axiológicos, mas como normas, inclusive de cunho constitucional, a revelar unidade ao sistema e condicionar a atividade dos participantes do sistema.

Deveras, a Constituição da Organização das Nações Unidas (Carta das Nações Unidas de 1945), a Declaração Americana dos Direitos e Deveres do Homem de 1948, bem como a Declaração Universal dos Direitos do Homem deste mesmo ano, contemplam a dignidade da pessoa humana.

Nesta esteira, a nossa Constituição de 1988, após o regime ditatorial militar, proclama a Constituição cidadã, em cujo âmago está o princípio da dignidade da pessoa humana, não como garantia, mas como fundamento da República Federativa do Brasil. Aparece ainda como fundamento da ordem econômica e no âmbito familiar.

O princípio da dignidade da pessoa humana, destarte, traduzindo o retorno dos Direitos Humanos, serve como novo parâmetro à ordem normativa nacional e internacional.

1.1.2 Dignidade da pessoa humana – alguns contornos

O princípio da dignidade da pessoa humana está previsto no inciso III do artigo 1º da Constituição Federal de 1988 que trata dos Fundamentos da

República Federativa Brasileira, constituída como um Estado Democrático de Direito.

Há ainda outras disposições do princípio no corpo da Constituição, como no *caput* do artigo 170 que versa sobre a Ordem Econômica, estipulando que esta Ordem Econômica tem como fim assegurar a todos uma existência digna.

É certo que a Constituição não cria, apenas reconhece a dignidade da pessoa humana, a qual preexiste como valor intrínseco do ser humano: o ser humano digno não pode ser utilizado como meio para se atingir algo, será sempre fim.

Logo, a Constituição acaba por erigir o ser humano como finalidade da ordem jurídica, o que equivale dizer que aquele é sujeito de direito e nunca objeto de direito, o que deriva de sua condição humana.

Assim, a dignidade da pessoa humana é o princípio essencial do Estado Democrático de Direito, porquanto é a razão do direito tutelar o ser humano.

Ingo Wolfgang Sarlet[1] diz que quanto à conceituação da dignidade da pessoa humana, percebe-se, com base na raiz kantiana, que é algo inerente ao ser humano. Esta é a dimensão ontológica.

Temos ademais que este conceito é fruto de uma construção histórica e cultural, cujo conteúdo e significado estão sempre a construir. Esta é a dimensão histórico-cultural.

Não há como traçar um caráter fixo do princípio da dignidade da pessoa humana, por se tratar de categoria axiológica aberta, sendo conceituado de acordo com o pluralismo e diversidade de valores nas sociedades democráticas modernas.

Contudo, como tentativa de abarcar seu conteúdo, dado o caráter polissêmico deste atributo humano, pode-se pensar que a dignidade da pessoa humana pode ser apreendida a partir do que o indivíduo enquanto membro de um grupo sente necessário ao seu semelhante, pressupondo o que necessita para si, pois o que é necessário para um o é para o outro, haja vista que todos os seres humanos almejam a felicidade e possuem ambições e anseios comparáveis, bem-estar material e espiritual.

É certo também que, ao lado da liberdade ou autonomia individual propugnada por Kant, liberdade de determinar-se a si mesmo e agir[2], este

---
(1) SARLET, Ingo Wolfgang. *Dignidade da Pessoa Humana e Direitos Fundamentais na Constituição Federal de 1988*. Porto Alegre: 9ª Ed. 2011. Editora Livraria do Advogado, p. 56/57
(2) Ob. Cit. P. 40.

não descurou da sua dimensão social, marcada pela intersubjetividade, ou seja, pelas relações interpessoais de dignidades.

Com efeito, Sarlet[3] citando Kant traz seu pensamento a respeito:

"É verdade que a humanidade poderia subsistir se ninguém contribuísse para a felicidade dos outros, contanto que também lhes não subtraísse nada intencionalmente; mas se cada qual se não esforçasse por contribuir na medida de suas forças para os fins de seus semelhantes, isso seria apenas uma concordância negativa e não positiva com a humanidade como um fim em si mesmo. Pois se um sujeito é um fim em si mesmo, o seu fim tem que ser quanto possível os meus, para aquela ideia poder exercer em mim toda a sua eficácia."

A finalidade da dignidade da pessoa humana é o bem-estar, compreendido como o mínimo necessário à integridade física e espiritual do indivíduo, de conteúdo irrenunciável, e a oportunidade de exercer os direitos fundamentais, dentre eles, o direito ao trabalho. Ora, este é fim e meio para o alcance do bem-estar espiritual e material.

Extrai-se ainda[4] do princípio da dignidade da pessoa humana duas funções: limite e prestação concomitantemente.

Limite implica a vedação de supressão deste atributo, na proibição da inexistência ou alienação deste atributo. Na supressão ou alienação da dignidade, o ser humano tornar-se-ia meio para o uso arbitrário da vontade.

Prestação, pois ao Estado e à comunidade incumbe o patrocínio de ações cujo objetivo seja a promoção e a proteção da dignidade, dando condições ao indivíduo de exercê-la.

Como bem assevera a Declaração dos Direitos Humanos de 1948, todos os homens são iguais em dignidade e direitos. Daí exige-se conduta ativa de todos para o reconhecimento e a proteção do conjunto de liberdades e direitos conjunturais indispensáveis.

Nesse diapasão, podemos entender que a Constituição Federal, ao eleger uma série de princípios fundamentais, dentre eles a dignidade da pessoa humana, a qual, uma vez aliada ao objetivo fundamental de nossa República de promoção do bem de todos sem preconceito ou qualquer

---

(3) KANT, Immanuel, Fundamentação da Metafísica dos Costumes, in Os Pensadores – Kant (II) apud SARLET, Ingo Wolfgang. *Dignidade da Pessoa Humana e Direitos Fundamentais na Constituição Federal de 1988*. Porto Alegre: 9ª Ed. 2011. Editora Livraria do Advogado. p. 127
(4) Ob. Cit., p. 58.

forma de discriminação, cria o princípio da solidariedade, o que, por sua vez, vincula toda sociedade como promotora dos direitos fundamentais ao lado do Estado.

Quando é suprimida a possibilidade de desenvolvimento da personalidade, há ofensa à dignidade da pessoa humana. Por exemplo, quando se pratica a discriminação no ato da contratação de empregado.

Privar as pessoas com deficiência de trabalho no ato da admissão no emprego por preconceito é afronta à sua dignidade, pois lhe retira a capacidade de autodeterminar-se e até de sobreviver.

O ser humano deve ser protegido como pessoa, mas ser livre para dispor dos meios necessários ao seu desenvolvimento.

1.2 Objetivos e Fundamentos do Estado Brasileiro

Ensina José Afonso e Silva[5] que o Estado Democrático de Direito é a forma final encontrada de um Estado, cujo processo iniciou-se na concepção do Estado de Direito, passou pelo Estado Social e desaguou no que hoje se entende por Estado Democrático de Direito.

O Estado de Direito surge no liberalismo e tem como fundamentos: a submissão do poder ao império da Lei, como ato emanado do poder legislativo, composto de representantes do povo; a tripartição do Poder, sendo que cada uma das partes atua de forma harmônica e independente; e a enunciação de direitos e garantias individuais fundamentais.

O Estado Social evoluiu em face das injustiças sociais que passaram ao largo do Estado, eminentemente abstencionista, e dos consequentes movimentos sociais voltados à reparação destas injustiças sociais.

Caracteriza-se pela enunciação de direitos sociais, com o fim da neutralidade do Estado, e mantendo ao lado do modo de produção capitalista a consecução do bem-estar social, através de um capítulo na Constituição destinado aos direitos sociais e econômicos. O final do processo é o Estado Democrático de Direito.

Neste, o princípio da legalidade expressado na subordinação do Estado à Constituição e à Lei não deixou de existir, porém, o significativo de Lei diverge daquele outrora adotado no Estado de Direito focado na

---

(5) SILVA, José Afonso da. Curso de Direito Constitucional Positivo. 15ª Ed. São Paulo: Ed. Malheiros, 1998, p. 116/126.

normatividade pura, e passa a influir na sociedade e a impor mudanças sociais democráticas.

Na sociedade democrática almeja-se um modo de convivência livre, justo e solidário, libertando a pessoa dos modos de opressão não só pelo reconhecimento de direitos individuais, políticos e sociais, mas, sobretudo, pela concretização destes direitos, pela realização prática dos direitos sociais, culminando na implantação da justiça social fundada na dignidade da pessoa humana.

Quando a nossa Constituição enuncia que a República Federativa do Brasil é um Estado Democrático de Direito, o qualitativo democrático refere-se ao Estado, de modo a irradiar os valores da democracia sobre todos os seus elementos constitutivos.

O princípio da dignidade como fundamento do Estado Democrático de Direito do Brasil serve de valor supremo não só à ordem jurídica, mas a toda vida nacional, de maneira que fundamenta, além da ordem jurídica, a ordem política, econômica, cultural e social. É princípio fundamental constitucional e de toda ordem jurídica.

Neste sentido, a Constituição Federal elencou exemplificativamente uma série de objetivos no artigo 3º, quais sejam: construir uma sociedade livre, justa e solidária, garantir o desenvolvimento nacional, erradicar a pobreza e a marginalização, reduzir as desigualdades sociais e regionais, promover o bem de todos sem preconceitos de origem, raça, sexo, cor, idade ou outra forma de discriminação.

Os objetivos fundamentais, embora não abarquem todos os objetivos do Estado, justificam medidas positivas que venham a concretizar a democracia cultural, social e econômica, implantando o Estado Democrático de Direito e efetivando a dignidade da pessoa humana.

Percebe-se que os objetivos elencados na Constituição e suprarreferidos denotam sempre uma ação com vistas à sua concretização, quais sejam: construir, garantir o desenvolvimento, erradicar, promover (artigo 3º e incisos).

Portanto, na busca pela concretização da dignidade da pessoa humana, não há como negar aos deficientes ações positivas, como as ações afirmativas, proporcionando a fruição dos direitos fundamentais.

Isto porque o comando constitucional é pela remoção das desigualdades sociais, com justiça social, e erradicação da discriminação, dando condições materiais para desenvolvimento da personalidade, de forma solidária e democrática, tendo em vista que o humano é o fim último.

Reiteramos que todos os homens são iguais em dignidade e direitos.

Daí exige-se conduta ativa de todos para o reconhecimento e a proteção do conjunto de liberdades e direitos fundamentais.

O Estado assim pode criar ações afirmativas para implantar o direito fundamental ao trabalho, pois ao ser consagrado o princípio da dignidade da pessoa humana como fundamento do Estado Democrático de Direito, o nosso constituinte estabeleceu qual a relação do Estado com as pessoas individualmente e coletivamente consideradas, sendo que a estas deve o Estado servir. O ser humano é a finalidade precípua do Estado.

Para Flávia Piovesan[6], a Constituição deve ser considerada como uma unidade. Esta é dada pelo princípio da dignidade humana, que ao lado da cidadania, como fundamentos da República Federativa do Brasil, são respectivamente princípio do Estado Democrático de Direito e dos direitos fundamentais.

A Constituição de 1988 inovou com a positivação do princípio da dignidade da pessoa humana. Colocou o princípio dentro daquilo que se considera o núcleo essencial da nossa Constituição, cujo conteúdo é composto pelos princípios fundamentais e pelas garantias e direitos fundamentais.

Conquanto não se possa descurar de suas origens históricas e filosóficas, é certo não se pode negar que o princípio da dignidade da pessoa humana integra o direito positivo. Logo, serve ao sistema normativo para lhe dar unidade, sentido e alicerce.

Isto porque, como bem observa Celso Antônio Bandeira de Mello[7], "Princípio é por definição mandamento nuclear de um sistema, verdadeiro alicerce dele, disposição fundamental que se irradia sobre diferentes normas compondo-lhes o espírito e servindo de critério para sua exata compreensão e inteligência exatamente por definir a lógica e a racionalidade do sistema normativo, no que lhe confere a tônica e lhe dá sentido harmônico".

Na hermenêutica do princípio, Firmino Alves Lima[8] pensa que como norma o princípio da dignidade humana serve ao indivíduo, proibindo condutas do Estado e da sociedade em geral atentatórias aos preceitos mínimos de existência, condensados pelos tratados internacionais e direitos e garantias fundamentais insertos em nosso ordenamento pátrio.

---

(6) *Direitos Humanos e o Direito Constitucional Internacional.* 4ª Ed.São Paulo: Ed. Max Limonad, 2000. p. 51/55.

(7) Curso de Direito Administrativo. 12ª Ed. São Paulo: Ed. Malheiros, 2000 p. 747

(8) LIMA, Firmino Alves. Mecanismos Antidiscriminatórios nas Relações de Trabalho.São Paulo: LTr Ed. Nov. 2006, p. 35

1.3 Direitos Fundamentais e Dignidade

No qualificativo, fundamentais aos Direitos Constitucionais assim adjetivados acha-se a indicação de que se tratam de situações jurídicas sem as quais a pessoa humana não se realiza, não convive e, às vezes, nem mesmo sobrevive; fundamentais do homem no sentido de que a todos, por igual, devem ser, não apenas formalmente reconhecidos, mas concreta e materialmente efetivados.

Trata-se, portanto, de categoria de direitos umbilicalmente ligados ao princípio da dignidade da pessoa humana, porquanto estabelecem patamares intransponíveis, sem os quais haveria a supressão deste valor intrínseco do ser humano. Lembre-se que a finalidade da dignidade da pessoa humana é o bem-estar do indivíduo, compreendido como o mínimo necessário à integridade física e espiritual.

Neste diapasão, destaca Luiz Alberto David Araújo[9] que os direitos fundamentais constituem direitos de defesa do indivíduo perante o Estado, direitos políticos e relativos à nacionalidade, bem como os direitos sociais.

São direitos de categoria jurídica peculiar, voltados à proteção da dignidade humana em todas as suas dimensões, ou seja, na proteção da pessoa no que tange à sua liberdade (direitos individuais), na proteção às suas necessidades (direitos sociais) e na sua preservação.

Como bem assevera a doutrina, a observância de todos os direitos fundamentais é o que confere maior concretude ao princípio aberto da dignidade da pessoa humana, sem prejuízo de sua influência nos demais direitos.

O princípio da dignidade da pessoa humana é elemento e medida dos direitos fundamentais. Disto decorre que os direitos fundamentais são manifestações prévias do constituinte daquilo que entendeu como afeto à dignidade.

Assim na concretização do princípio da dignidade da pessoa humana, deve o intérprete perquirir sobre a ofensa a um direito fundamental. O que reduz a margem de arbítrio do intérprete que deverá respeitar a posição prévia do constituinte, tornando, outrossim, pragmático o conceito de dignidade da pessoa humana, simplificando a retórica vaga e vazia.

---

(9) ARAÚJO. Luiz Alberto David. Curso de Direito Constitucional. 4ª ed. São Paulo: Ed. Saraiva, 2001. p. 77/80

Para Ingo Wolfgang Sarlet[10], há uma concepção negativa e positiva da dignidade a influenciar na concretização dos direitos fundamentais, porquanto, dentro da consideração do ser humano como fim e não meio, a dignidade da pessoa humana constitui limite à atuação do Estado, da sociedade e das pessoas; e tarefa a legitimar prestações normativas e fáticas, com o escopo de promover condições de vida dignas, evitando assim ofensa ao seu núcleo essencial.

Os direitos fundamentais guardam certas características, dentre as quais destacamos inicialmente a historicidade, ou seja, são frutos de processo histórico.

Como afirma Noberto Bobbio[11], os direitos humanos, a cuja categoria também pertencem os direitos fundamentais, não são o produto da natureza, e sim construção histórica humana, suscetíveis de ampliação, pautados pelas novas exigências, e que emergem das lutas e conquistas humanas.

Uma vez reconhecidos dentro de um processo histórico, não há como suprimi-los, pois não se suprime a dignidade humana. Logo, são concorrentes no sentido de que, em uma situação concreta, pode existir mais de um direito fundamental.

Por serem concorrentes, não basta garantir a liberdade; indispensável é dar condições para tanto, como se faz ao dar oportunidade de trabalho, de educação e condições materiais dignas, com moradia, saúde, lazer, dentre outras prestações sociais fundamentais.

São limitáveis e não absolutos, pois a concorrência entre os direitos fundamentais importa que por vezes devam se harmonizar com outros de igual categoria de maneira proporcional. Não há direito absoluto, mesmo que este seja fundamental, no sentido de imunização quanto a restrições.

No embate entre direitos fundamentais, deve-se utilizar do princípio da proporcionalidade a fim de se estabelecer no caso concreto, não obstante às restrições a direitos fundamentais, harmonia e concordância práticas, sem que se esteja a defender uma hierarquia jurídica entre normas constitucionais.

Pelo princípio da proporcionalidade na lição de Paulo Bonavides[12], no caso de colidência de direitos fundamentais, a solução legítima deve ser buscada levando-se em consideração os três elementos do princípio da proporcionalidade: adequação, necessidade e proporcionalidade *stricto sensu*.

---

(10) Ob. Cit. P. 131/140
(11) *A Era dos Direitos*, 9ª Tiragem, Tradução Carlos Nelson Coutinho. São Paulo: Ed. Campus Elsevier, p. 3
(12) *Curso de Direito Constitucional*. 26ª. Ed. São Paulo: Ed. Malheiros, 2010. p.396/398

Na adequação verifica-se se o meio eleito é apto a alcançar o fim visado. Na necessidade busca-se não exceder os limites indispensáveis à consecução do fim proposto. Elege-se a via menos ofensiva. Finalmente, no último elemento a escolha deve recair nos meios, que, no caso específico, comportem todos os interesses em questão.

Contudo, nenhuma limitação do direito fundamental será desproporcional e a limitação em seu núcleo essencial, o que levaria a supressão ou esvaziamento do direito, sempre será desproporcional.

1.4 Dos Direitos Sociais e do Direito ao Trabalho

Na definição de José Afonso e Silva[13], direitos sociais pertencem a uma "dimensão dos direitos fundamentais do homem, são prestações positivas proporcionadas pelo Estado direta ou indiretamente, enunciadas em normas constitucionais, que possibilitam melhores condições de vida aos mais fracos, direitos que tendem a realizar a equalização de situações sociais desiguais."

Guardam, portanto, íntima relação com o princípio da igualdade material, na medida em que reconhecem a necessidade de distinções necessárias para uma melhor justiça distributiva dos benefícios sociais.

Alocados no artigo 6º da Constituição, o rol ali não se esgota, considerando que a Constituição contempla outros direitos fundamentais, tais como os decorrentes dos tratados internacionais ratificados.

A Constituição de 1988 trouxe um capítulo sobre os direitos sociais e, posteriormente, um capítulo sobre a ordem social. Isto significa que os direitos sociais se realizarão na forma prevista na ordem social.

A ordem econômica constitui pressuposto para a existência dos direitos sociais. Os direitos econômicos, como direitos de realizar determinada política econômica, são premissas para que o Estado tutele os fracos e mais numerosos. É a disciplina jurídica do mercado sob a primazia do interesse social.

A concretização dos direitos sociais é fundamental ao indivíduo para que este se reconheça como componente da sociedade, uma vez que a autodeterminação do indivíduo, o exercício das liberdades clássicas e a própria capacidade de expandir seu potencial dependem da efetivação dos direitos sociais.

---

(13) SILVA, José Afonso da. *Curso de Direito Constitucional Positivo*. 15ª Ed.São Paulo: Ed. Malheiros, 1998, p. 289.

Desta maneira, os direitos fundamentais de liberdade e os direitos sociais de uma mesma pessoa concorrem, pois não há como reduzir a dignidade à concessão da liberdade, olvidando, deste modo, os direitos sociais, econômicos e culturais. Isto porque a liberdade se deteriora quando há extrema pobreza.

Neste diapasão, a doutrina destaca que, por vezes, para proteção dos direitos fundamentais, como o trabalho, não basta o efeito estabelecido entre Estado e cidadão, que determina a remoção de obstáculos para a concretização da dignidade compreendida nos direitos fundamentais.

Por vezes, aqueles que detêm grande poder econômico podem representar ameaça aos direitos fundamentais, mormente no atual estágio de globalização.

Quando invocado o dever do Estado em proteger os direitos do indivíduo em face de ameaça de terceiro, faz-se um contrabalanceamento entre a autonomia privada, que não pode deixar de existir, e o respeito aos direitos fundamentais.

O efeito que se pretende dar aos direitos fundamentais na relação entre particulares é de que a norma constitucional deve ser reinterpretada, a fim de não suprimir a autonomia privada e esta harmonizar-se com os direitos fundamentais. É a disciplina jurídica do mercado sob a primazia do interesse social.

Na concretização dos direitos sociais em face da característica da limitabilidade dos direitos fundamentais, faz-se necessário ater-se ao princípio da proporcionalidade, o que, uma vez observado, atende-se ao princípio da isonomia.

Deveras, sopesa-se no caso de colidência de direitos fundamentais, a maneira não só eficaz, mas igualmente menos gravosa, com o mínimo de restrição possível dos direitos fundamentais. Isto implica tratar situações desiguais, desigualmente e na medida da desigualdade, atendo-se aos limites necessários à supressão da desigualdade, respeitada a mínima restrição aos direitos fundamentais em colidência.

Assim, no embate entre a livre iniciativa e o direito de propriedade de um lado, e o direito fundamental ao trabalho por outro lado, tem-se que considerar em uma primeira análise que não há direito absoluto, mesmo que fundamental. Logo, chega-se a uma harmonia através do princípio da proporcionalidade.

Os fins almejados são a redução das desigualdades, a eliminação da pobreza e da marginalização, o bem de todos sem qualquer forma de discriminação e a justiça social, o que autoriza às ações afirmativas com vistas a eliminar distorções sociais, de modo menos gravoso para o setor produtivo, isto é com a mínima restrição aos direitos fundamentais em colidência.

A busca pelo lucro não é proibida, mas tem como contraponto o respeito aos direitos fundamentais, como o direito ao trabalho e os seus valores sociais.

Quando o empregador, sem motivo legítimo, tal como por discriminação, suprime a possibilidade do trabalho, há ofensa à dignidade do trabalhador. Assim, a discriminação na contratação enseja a correção com a inclusão, que pode se dar através das ações afirmativas, como veremos adiante.

Lembra a doutrina que, no modo de produção capitalista, a remuneração é essencial ao ser humano. Onde não há remuneração digna, inexiste educação, o que comer e vestir ou onde habitar, ou seja, não tem o mínimo existencial a lhe franquear liberdade e dignidade. Principalmente, considerando que o salário é ainda a principal forma de distribuição de renda em nossa sociedade.

Logo, o direito ao trabalho assume a feição de direito social maior, a ser enaltecido e resguardado com máximo empenho do Estado e de todo o corpo social. Daí a razão de a ordem econômica ter como escopo assegurar a dignidade, haja vista que o trabalho constitui pressuposto para realização dos anseios humanos. Sem proteção ao trabalho, o ser humano torna-se meio e não fim da ordem econômica.

Paralelamente, o trabalho tem o potencial de socializar a manutenção das contingências sociais, desonerando a sociedade de manter grupos sociais dependentes de um sistema securitário em prejuízo não só dos próprios beneficiários, mas igualmente de toda a sociedade.

Por fim, fortalece a justiça social, dando a cada um o que lhe é devido, construindo uma sociedade justa baseada no mérito de cada cidadão.

1.5 Princípio da Igualdade

1.5.1 Breve relato histórico

A igualdade pode ser apreendida em diversos momentos históricos. Firmino Alves Lima[14] traz a lume que, durante a Antiguidade Clássica, foram elaborados na Grécia antiga conceitos de igualdade, conquanto coexistisse a escravidão.

---

(14) LIMA, Firmino Alves. *Mecanismos Antidiscriminatórios nas Relações de Trabalho*. São Paulo: LTr Ed. Nov. 2006, p. 41/52

Neste diapasão, Platão concebia uma igualdade absoluta, em que homens e mulheres recebessem a mesma educação e que tudo fosse comunitário.

Aristóteles, com a ressalva que considerava haver diferença de igualdade entre governante e governados, conjugava a igualdade com a noção de justiça. Na relação entre particulares, há justiça na igualdade e injustiça na desigualdade.

Na lesão, restaura-se a igualdade na busca do meio termo. Nas relações entre cidadãos regidos por uma mesma Constituição, na outorga de bens públicos e outras coisas, vige a justiça distributiva, sendo justo aquilo que é proporcional ao mérito.

Assim, para o pensador, no trato de iguais deve haver igualdade; já no trato de desiguais, há tratamento desigual na busca da igualdade.

Já no Cristianismo propõe-se uma igualdade que transcende as relações sociais, uma vez que Deus não distingue os seres humanos por sua origem, admitindo-se a igualdade como condição humana.

Avançando para a Idade Média, Tomas de Aquino, ao discorrer sobre a justiça de uma Lei, faz importante proposição ao afirmar que uma Lei deve ater-se ao bem comum.

Porém, mesmo que atendido o bem comum não pode haver ônus desiguais aos governados, sendo também injusta quando defere excesso de poder ao seu autor.

Logo, justa é a Lei que atende à igualdade.

Já nas revoluções liberais, fruto do inconformismo de privilégios que levaram a uma estratificação da sociedade e do poder absoluto do Monarca que não se sujeitava à Lei como os seus súditos, a igualdade está na submissão de todos à Lei.

O ideal liberal de igualdade perante a Lei se expressa nos pensamentos filosóficos de John Locke, Jean Jacques Rosseau e Immanuel Kant.

Para Locke, todo o homem goza igualmente de uma liberdade natural, não passível de restrição pela vontade da autoridade ou outro homem, embora haja diferença entre esses, como idade, virtude, mérito, mas que não deslustram a igualdade citada.

Para Russeau há duas espécies de desigualdades: aquelas fundadas em características naturais e físicas, como saúde, força, e as desigualdades políticas ou morais estabelecidas por convenção ou assentimento dos homens. Sendo que esta, por constituir privilégio perante a Lei, é contrária ao direito natural. Kant considera que todos os homens devem ser iguais na faculdade de usar da própria liberdade.

Verifica-se, em suma, que o pensamento liberal está pautado na liberdade formal que considera iguais os homens perante a Lei, sem distingui-los, todavia, em suas dessemelhanças de fato ou econômicas.

Ao nivelar todos perante a Lei, o Estado se viu obrigado a editar normas gerais e abstratas, considerando o homem abstrato.

Mais adiante, no contexto da Revolução Industrial, surge o incremento do número de trabalhadores que mediante o salário buscam condições de sobrevivência, o que acarretou em um contingente excessivo de mão de obra disponível.

A sobrevivência da classe trabalhadora a depender do salário, aliado ao monopólio pelos empregadores dos meios de produção, trouxer o desequilíbrio de forças na contratação de mão de obra.

Embora o tratamento igualitário seja desferido formalmente pela Lei, houve a fragilização dos empregados e o empoderamento dos empregadores, implicando na total submissão daqueles primeiros às condições contratuais impostas pelo empregador.

Seja por temor às ideias socialistas do século XIX, pela influência da doutrina social da Igreja ou pelas lutas sociais dos trabalhadores, raia no horizonte do direito uma nova classe de direitos denominados sociais, em cujo centro está a ideia da igualdade material, compreendida na máxima de se tratar igualmente os iguais e desigualmente os desiguais na medida de sua desigualdade.

Passa-se a considerar a par da igualdade formal a igualdade material, tendo o Estado papel ativo no estabelecimento de discriminações em Lei para a promoção do bem-estar social e distribuição mais equitativa da riqueza.

Neste sentido, o constitucionalismo social, expressado primeiramente na Constituição mexicana de 1917 e na alemã de Weimar de 1919, é assim denominado por positivar os direitos sociais em escala constitucional.

O fundamento das discriminações, cujo agente é o Estado, vem da necessidade de conceder ao homem condições pelo trabalho de sobreviver e não ser tratado como mercadoria, cerne do princípio da dignidade da pessoa humana.

Tratar desigualmente os desiguais é legitimar discriminações racionalmente admitidas como necessárias para atingir tal escopo.

Nesta medida, no Estado Social o direito à propriedade é mitigado em face do direito individual de obter os meios de subsistência e condições dignas de existência.

Finalizando este processo, temos o Estado Democrático Social que almeja a justiça social através da democracia econômica e social, conquistada através da oferta de igualdade de oportunidades e concretização dos direitos sociais, econômicos e culturais.

A Constituição de 1988 traz o Ideal do Estado Democrático de Direito fundado na dignidade humana, no valor social do trabalho e na livre iniciativa.

No que tange à igualdade, a Constituição é tratada como direito fundamental e voltada para a promoção de iguais oportunidades para todos, com vistas a suprir as desigualdades sociais e econômicas e alcançar o bem de todos. Prevê uma série de direitos trabalhistas e maior proteção à pessoa com deficiência.

1.5.2 Igualdade formal, material e de oportunidades

Podemos vislumbrar, a partir da evolução histórica da igualdade, modos de concepção do princípio da igualmente, todos coexistindo.

A primeira, consectária do Estado Liberal e Neoliberal, é a igualdade formal expressada na máxima – todos são iguais perante a Lei. Importa que na interpretação, na aplicação ou na criação da Lei é defeso estabelecer diferenças entre integrantes de uma mesma categoria, ou seja, os direitos são os mesmos para todos.

Para Luiz Alberto David Araújo[15], o princípio da igualdade formal foi topograficamente colocado no caput do artigo 5º de maneira intencional como forma de extensão do princípio a todo texto constitucional e infraconstitucional.

Isto não implica que por vezes haja discriminações, desde que estas sejam logicamente justificáveis.

Assim, o princípio da igualdade formal, reforçado no inciso XIII do artigo 7º da Constituição Federal, cuja redação veda a discriminação na admissão e salários do trabalhador com deficiência, subentendendo-se que se estende a todos os aspectos do contrato de trabalho das pessoas com deficiência, não veda, por exemplo, que não se contrate pessoa com deficiência visual para o cargo de motorista.

Pede-se sim que não haja discriminações, autorizando somente aquelas que guardem correlação lógica entre o fator erigido como critério

---

(15) ARAUJO, Luiz Alberto David. *A Proteção Constitucional das Pessoas Portadoras de Deficiência*. 2ª edição. Brasília: Programa Nacional de Direitos Humanos, 1997, p. 72/75.

de discriminação, fator discrímen, por exemplo, deficiência, e o tratamento legal deferido à situação fática.

Por sua vez, a igualdade material, construção do Estado Social, preconiza o tratamento igual para os iguais e desigual para os desiguais, na medida de suas desigualdades. Serve de fundamento de uma série de prestações sociais para, tratando desigualmente os desiguais, alcançar a igualdade.

O direito do trabalho guarda especial relação com o princípio da igualdade material. De fato, a relação entre o empregador e o empregado é marcantemente desigual, uma vez que aquele detém os meios de produção, enquanto este vive exclusivamente da venda de sua força de trabalho.

Disto resulta um tratamento dado pelo constituinte, impondo desigualdades expressas para que, seja na fase pré-contratual seja na execução do contrato, conquistem-se condições mais equânimes dadas as desigualdades sócio-econômicas entre os contratantes.

Conforme afirma Luiz Alberto David Araújo, "A igualdade material (vista sob o ângulo de proteção de certos grupos sociais) nada mais é do que a explicitação de princípios constantes nos fundamentos e objetivos do Estado brasileiro, enunciados respectivamente nos artigos primeiro e terceiro"[16].

A proteção das pessoas com deficiência neste sentido é a forma de garantir a cidadania e a dignidade deste agrupamento, eliminando as desigualdades sociais para que participem da sociedade de forma democrática.

Percebeu-se que a redução das desigualdades sociais não é atingida apenas pelo tratamento diferenciado, é forçosa, por vezes, a criação de desigualdades com vistas à inclusão social, outorgando vantagens jurídicas aos desfavorecidos.

Temos assim a igualdade de oportunidades como instrumento de inclusão social, o que significa um tratamento das situações como devem existir, e não só como existem.

Na concepção de igualdade formal, pressupõe-se que, na busca por um destino, os competidores têm a mesmas potencialidades no início desta competição.

Ocorre que esta percepção nem sempre se confirma. Decerto há desníveis sociais, econômicos, fáticos e históricos que desmentem esta pretensa igualdade entre pessoas que almejam um mesmo fim, de forma que, para superar estas desigualdades, deve-se criar outra desigualdade.

---

(16) Ob. Cit. p. 77

Assim, por meio de uma postura ativa estatal, cria-se uma igualdade de oportunidades para a conquista do bem almejado, para que no início da disputa sejam as partes consideradas desigualmente para ao final igualarem-se.

É o que fazem as ações afirmativas, propiciando a integração social da pessoa com deficiência por intermédio do trabalho.

1.5.3 Discriminação

Assevera Christiani Marques[17] que o reconhecimento de uma sociedade pluralista brasileira conforme se obtêm do Preâmbulo de nossa Carta Maior não impede que haja igualdade de oportunidades, pelo contrário, por vezes é o esteio para que, em nome da igualdade, promovam-se diferenças legítimas e justificáveis para a inclusão e o pleno exercício da cidadania e da dignidade humana.

Como menciona Celso Antônio Bandeira de Mello, é próprio da Lei traçar tratamentos díspares. A princípio, qualquer traço discriminador existente nas pessoas, coisas ou situações pode ser eleito para fins de discriminação[18].

Haverá sempre pontos de semelhanças e pontos dissonantes entre as situações, pessoas e coisas consideradas na atividade legislativa, sem implicar ofensa ao princípio da isonomia.

A célebre afirmação de Aristóteles a respeito da igualdade: tratar os iguais igualmente e os desiguais desigualmente na medida de suas desigualdades, embora seja ponto de partida, não é suficiente para elucidar todas as questões.

O princípio da igualdade, quando dirigido ao legislador, vincula-o no sentido de que entre situações, coisas e pessoas sejam deferidos tratamentos iguais, se iguais, e desiguais, se desiguais. Porém, o elemento eleito como fator preponderante para tanto deve ser peculiar à pessoa, coisa ou situação.

Ora, nada mais crível, porque a máxima aristotélica de tratar os iguais igualmente e os desiguais desigualmente, na medida de suas desigualdades, traz em seu bojo que o elemento discrímen seja intrínseco na situação coisa, ou pessoa diferente, ou seja, que não lhes seja neutro, pois se assim o é, nada haverá de desigual para justificar tratamento desigual.

Com o princípio da isonomia, o constituinte pretendeu evitar discriminações fortuitas e injustificadas, sendo que critérios como sexo, raça, credo

---

(17) MARQUES, Christiani. *Discriminação no emprego, in Defesa dos Direitos das Pessoas Portadoras de Deficiência*. Coordenador Luiz Alberto David Araujo. São Paulo: LTr. Ed. 2006, p. 110.
(18) MELLO, Celso Antônio Bandeira de. *Conteúdo Jurídico do Princípio da Igualdade*. 3ª Ed. 9ª Tiragem. São Paulo: Ed. Malheiros 2001 *passin*.

religioso e orientação política elencados na Constituição foram ressaltados, haja vista serem estes motivos historicamente de preconceito. Não que estes critérios não possam ser escolhidos para trazer diferenciações, desde que haja correlação lógica com o tratamento desigual.

Com efeito, para que não haja discriminações fortuitas e injustificadas, o fator próprio das situações, coisas e pessoas deve guardar correlação lógica com o tratamento desigual.

Neste diapasão, a deficiência de uma pessoa, tida como uma de suas características, acarreta maiores dificuldades para alcançar uma profissão, em face do preconceito secular que é impingido a este grupo de pessoas tidas como inaptas às atividades profissionais e à vida social.

Nesta medida, nada mais equânime do que trazer tratamento desigual entre as pessoas com e sem deficiência, posto que estas últimas têm maiores possibilidades de conquista de um emprego. Assim o critério de discriminação, deficiência, guarda correlação lógica com o tratamento diferenciado proposto pelo sistema de cotas.

Finalmente, para a isonomia não se deve descurar, igualmente, da consonância com os interesses prestigiados na Constituição. É necessário, em suma, que se retrate um bem constitucionalmente absorvido.

A discriminação atenta de maneira contumaz contra a dignidade da pessoa humana. Vislumbramos isto porque não só obsta o exercício dos direitos fundamentais em cujo cerne reside o princípio da dignidade humana, como também nega, pela forma odiosa do preconceito, outro valor inerente ao ser humano, a igualdade em dignidade.

Subtrair a igualdade de dignidade é estratificar em classes distintas o ser humano, permitindo que alguns sejam tratados como instrumentos da vontade arbitrária de outros.

Podemos afirmar que é pelo preconceito que as condutas discriminatórias são perpetradas. É o que ocorre com as pessoas com deficiência. Tem-se o preconceito de que estas são incapazes de produzir no mercado de trabalho, o que as exclui na contratação para um emprego, pois se enfatiza a deficiência, ao passo que suas qualidades são eclipsadas.

Contudo, a falta de um sentido ou função são alavancas para o desenvolvimento acentuado em outros sentidos mentais e sensoriais que podem ser aproveitados pelos empregadores. Por exemplo, podemos citar a contratação de pessoas com deficiência visual para trabalharem em câmaras escuras de raios x.

O que nos induz a pensar que hodiernamente há outros atributos humanos a serem sopesados na contratação de pessoas com deficiência.

CAPÍTULO 2

AÇÕES AFIRMATIVAS VOLTADAS ÀS PESSOAS COM DEFICIÊNCIA

2.1 Fundamentos Filosóficos das Ações Afirmativas

Assevera Cláudio Monteiro de Brito Filho[19] que, antes de tratar das ações afirmativas, deve-se localizá-las dentro de um modelo, cujos meios de produção sejam de uso privado, pois em outros modelos não há necessidade de executar programas voltados a compensar desequilíbrios causados pela exclusão.

Deve-se ainda pressupor a liberdade do indivíduo de buscar seu bem-estar. Liberdade mais para o modelo em que, pela distribuição de recursos, permite-se criar ao individuo um ambiente propício para a realização de suas concepções de vida boa.

Para Rousseau[20], a propriedade é garantida. Porém, não uma propriedade desmedida em detrimento do conjunto da sociedade. Para o autor, as condições para autorizar o direito do ocupante da propriedade são que ocupe a quantidade que necessita para sobreviver e que tome posse pelo trabalho e pela cultura da terra.

Já Adam Smith[21] sustenta que a equidade exige que aqueles que trabalham para que outros desfrutem dos bens necessários devem poder desfrutar, também, de parte desses bens. O autor conclui que não pode haver prosperidade em uma sociedade em que a maior parte dela é condenada à pobreza e à miséria.

---

(19) BRITO FILHO, Claudio Monteiro de. *Ações Afirmativas*. São Paulo: LTr. 2012, p.13 a 59.
(20) RUSSEAU, Jean-Jacques. *Discurso sobre a economia política e do contrato social*. Tradução Maria Constânça Peres Pissara. Petrópolis: Vozes 1995, apud BRITO FILHO, Claudio Monteiro de. Ações Afirmativas. São Paulo: LTr Ed. 2012, p.25
(21) SMITH, Adam. *A riqueza das nações*. Tradução de Alexandre Amaral Rodrigues. São Paulo. Martins fontes, 2003, vol 1, apud BRITO FILHO, Claudio Monteiro de. Ações Afirmativas. São Paulo: LTr Ed. 2012, p. 26

Finalmente, para Kant[22], na *Fundamentação da metafísica dos costumes* parte da dignidade da pessoa humana na sua dimensão intersubjetiva, pois há o dever de os indivíduos ajudarem-se mutuamente.

Para estes pensadores a justiça distributiva é um dever.

Mais adiante encontramos a teoria de Rawls, formulada em sua obra "Uma Teoria de Justiça"[23], que elege o indivíduo singularmente considerado para desenvolvimento de sua teoria de justiça. Importa na vedação de que um indivíduo se sobreponha ao outro, e condena desigualdades prejudiciais aos menos favorecidos. A teoria cinge-se à escolha dos princípios de justiça.

Opõe-se ao utilitarismo, que concebe ser mais vantajoso o bem-estar, aquilo que produz maior felicidade para os membros da sociedade, do que a justiça. Sendo o moralmente correto, o maior bem-estar, mesmo que em detrimento da minoria.

Para Rawls, o justo prevalece sobre o bem. A justiça é a primeira virtude das instituições, e o objeto da justiça é a maneira pela qual as instituições distribuem os direitos e deveres fundamentais e a forma como dividem as vantagens decorrentes da cooperação social.

Os princípios de justiça para Rawls estão vinculados aos bens primários, compostos de direitos, liberdades e oportunidades.

São os princípios de justiça:

No primeiro princípio há um direito igual de toda pessoa ao mais abrangente sistema total de liberdades básicas (liberdades políticas, tais como expressão, reunião, entre outras, a propriedade privada e a proteção contra prisão arbitrária) que seja compatível com um sistema semelhante de liberdade para todos.

O segundo princípio prescreve que as desigualdades econômicas e sociais devem ser organizadas de tal forma que tragam maiores benefícios possíveis aos menos favorecidos e que sejam dadas oportunidades iguais a todos.

Para Rawls, nas reivindicações conflitantes, faz-se mister que haja regras de prioridades para alcançar uma concepção de justo, ordenando aquelas.

---

(22) KANT, Immanuel. *Fundamentação da metafísica dos costumes*. Tradução de Paulo Quintela. Lisboa: Edições 70, 2003 apud BRITO FILHO, Claudio Monteiro de. Ações Afirmativas. São Paulo, LTr. 2012, p. 27

(23) RAWLS, John. *Uma Teoria de Justiça*. 2. Ed. Tradução Almiro Pisetta. São Paulo: Martins Fontes. 2002, apud BRITO FILHO, Claudio Monteiro de. Ações Afirmativas. São Paulo: LTr. Ed. 2012, p. 32/45.

Nesta ordenação, a liberdade é prioritária sobre os demais princípios. De maneira que as reivindicações de liberdade devem ser satisfeitas primeiro. Só se justifica a redução da liberdade para fortalecer o sistema total de liberdades.

A segunda regra de prioridades ordena que, em uma desigualdade de oportunidades, devem-se aumentar as oportunidades daqueles que as têm menores.

Esta regra tem aplicação na distribuição de renda e riqueza. Rawls admite as desigualdades econômicas e sociais, sob a condição de incremento de benefícios aos menos favorecidos. A sociedade, neste diapasão, deve dar mais atenção àqueles com menores talentos e condições sociais e econômicas.

O mérito de Rawls está na introdução da igualdade como ideal político, até então concentrada no binômio liberdade-propriedade, conquanto esteja em pleno inferior à liberdade.

Ronald Dworkin[24] procura trazer outros contornos para a justiça distributiva.

Inicialmente, traz novo enfoque à igualdade, a qual é pensada no plano individual e não vinculada à ideia de classe, como Rwals.

Dworkin opta pela igualdade de recursos, sendo medida de igualdade os recursos de que dispõem os indivíduos. Neste sentido, há tratamento igual entre as pessoas quando nenhuma transferência ou distribuição adicional de recursos seja apta a tornar mais iguais suas parcelas de recursos.

A conexão que se estabelece com o mercado e os recursos é que as pessoas ingressem em igualdade de condição. Neste ponto, pode-se falar em ações afirmativas.

É necessário mencionar que, para o pensamento liberal, igualar as pessoas não significa que o Estado esteja obrigado a custear gostos dispendiosos.

Verifica-se que Dworkin considera os grupos vulneráveis, tanto que permite ajustes e compensações posteriores, não para proporcionar tudo que seja necessário a estes, e sim para haver igualdade de distribuição de recursos.

Para Dworkin, igualdade e liberdade estão no mesmo nível hierárquico,

---

(24) DWORKIN, Ronald. *A virtude soberana a teoria e a prática da igualdade*. Tradução de Jussara Simões. São Paulo: Martins Fontes. 2005, apud BRITO FILHO, Claudio Monteiro de. *Ações Afirmativas*. São Paulo: LTr. Ed. 2012, p. 46/52

posto que a sociedade garante ao mesmo tempo o exercício das liberdades fundamentais sem descurar da obrigação de criar condições materiais também fundamentais para todos.

Ora, não haverá esta igualdade se desconsiderar o custo que uma pessoa vulnerável tem para fazer suas escolhas; elas encaram a vida com menos recursos em relação aos outros.

Dentre os autores que tratam do assunto justiça distributiva, encontramos também Amartya Sen[25], que aduz ser imprescindível na busca da igualdade a consideração da diversidade humana.

A igualdade considerada a partir dos bens primários, como faz Rawls, ou a partir dos recursos, como faz Dworkin, cinge-se aos meios. Contudo, é certo que as pessoas podem ter os mesmos pacotes de bens e recursos e, ainda assim, não serem igualmente capazes de utilizá-los, por uma série de fatores, tais como a deficiência.

Forçoso é considerar a diversidade dos grupos de indivíduos, o que já o fazia Dworkin, porém sem a mesma amplitude de Sen, na hora de determinar estratégias para se obter igualdade entre as pessoas, ao menos quanto aos bens fundamentais, justificando condições adicionais ao pacote de recursos.

Dentre os critérios a legitimar as ações afirmativas, o primeiro deles é a justiça distributiva, a qual é vista aqui por dois ângulos: a harmonia da ação com os princípios eleitos para reger as ações das instituições sociais; e o abalizamento no ordenamento jurídico do Estado.

Quanto ao primeiro aspecto, a justiça distributiva, na junção dos modelos de Dworkin e Amartya Sen, ou seja, a distribuição de recursos agregada à ideia de diversidade é apta a corrigir as desigualdades geradas pela admissão da propriedade privada.

Franqueia-se, assim, a fruição pelos indivíduos dos recursos fundamentais necessários à realização de sua dignidade e cidadania, sem descurar da liberdade e em sintonia com a redução das desigualdades sociais e promoção do bem de todos, construindo uma sociedade livre, justa e solidária.

---

(25) SEN, Amartya. *Desigualdade reexaminada*. Tradução de Ricardo Doninelli Mendes. Rio de Janeiro: Record, 2001 apud BRITO FILHO, Claudio Monteiro de. *Ações Afirmativas*. São Paulo: LTr Ed. 2012, p. 52 a 55.

2.2 Denominação, Conceito e Fundamentos Constitucionais

As ações afirmativas têm origem no direito norte-americano, cuja denominação é igual à usual brasileira. Há, porém, outra denominação comum na Europa, qual seja a discriminação positiva.

Há diversos conceitos de ações afirmativas. Adotamos o conceito trazido pelo Ministério do Trabalho e Emprego: "As ações afirmativas são medidas que visam à implantação de providências obrigatórias ou facultativas, oriundas de órgãos públicos ou privados, cuja finalidade é a de promover a inclusão de grupos notoriamente discriminados, possibilitando-lhes o acesso aos espaços sociais e a fruição de direitos fundamentais, com vistas à realização da efetiva igualdade constitucional. Podem, portanto, decorrer da Lei que institua cotas ou que promova incentivos fiscais, descontos de tarifas; podem advir de decisões judiciais que também determinem a observância de cotas percentuais, mas sempre em favor de grupos, porque o momento histórico da criação das medidas afirmativas foi o da transcendência da individualidade e da igualdade formal de índole liberal e também da mera observância coletiva dos direitos sociais genéricos, que implicavam uma ação estatal universal, buscando compensação social em favor dos hipossuficientes social e econômico."[26]

Podemos, através do desenvolvimento desta obra, encontrar fundamentos para as ações afirmativas, afora aqueles demonstrados no item anterior de feição filosófica.

Com efeito, verificamos que a dignidade da pessoa humana pede mais do que uma abstenção com vistas à não supressão deste valor. Como bem observado por Kant, quando define a dimensão intersubjetiva da dignidade, todos devem se esforçar para os fins de seus semelhantes, pois o ser humano é fim e não meio.

Como consectário deste pensamento, torna-se mister o patrocínio de ações, pelo Estado e por toda comunidade, a fim de promover a dignidade humana. É a dimensão da prestação da dignidade.

Neste sentido, o princípio da dignidade está inserido como fundamento do Estado Democrático de Direito do Brasil, o que significa que o fim do Estado é o ser humano, devendo implantar medidas políticas e sociais, e resguardando não só a dignidade, como também a cidadania.

---

(26) Disponível em: http://portal.mte.gov.br/fisca_trab/acao-afirmativa-igualdade-de-oportunidades.htm. Acesso: em: Abr 19/04/2014

O qualificativo democrático do Estado se estende a todos seus elementos constitutivos, inclusive à ordem jurídica, o que por certo envolve o acesso democrático aos direitos fundamentais.

Para tanto, os direitos fundamentais individuais e sociais a todos devem ser formalmente reconhecidos e materialmente concretizados, pois constituem manifestações prévias do constituinte originário do conteúdo da dignidade, direitos sem os quais o ser humano não convive, realiza ou mesmo sobrevive.

Com eles não se transige. Contudo, verificou-se que, por vezes, no modo de produção capitalista, os poderes sociais, e não só o Estado, são os que mais exercem perigo à concretização dos direitos fundamentais, dentre eles o direito fundamental ao trabalho.

Isto leva ao embate entre a livre iniciativa de um lado e de outro a premência de se resguardar os direitos fundamentais e, por via oblíqua, a própria dignidade humana.

O direito fundamental do trabalho foi formalmente garantido, contudo, em face de determinados grupos historicamente discriminados, como as pessoas com deficiência, esta medida demonstrou-se inócua, mesmo tendo o inciso XLI do artigo 5º da Constituição incriminado qualquer conduta discriminatória atentatória aos direitos e liberdades fundamentais.

Isto levou à supressão deste direito para uma parcela da população, algo inadmissível dada sua natureza, o que por fim criou uma situação de exclusão social, acirrando a desigualdade social em detrimento do acesso democrático aos recursos, criando uma desigualdade não permitida no acesso ao mercado de trabalho.

Em vista desta desigualdade, tornou-se cogente desigualar situações para promoção da inclusão social através da igualdade de oportunidades, garantindo dignidade, cidadania, igualdade social e democracia.

No trato desta desigualdade, o meio eleito foram as ações afirmativas, cujas regras são a eleição de um fator intrínseco à pessoa, qual seja a deficiência, a correlação lógica entre este fator e o tratamento dado, e a pertinência com os preceitos constitucionais.

Com reserva de cotas, as partes envolvidas, pessoas com e sem deficiência, são desigualadas em uma situação inicial, porquanto as com deficiência são desfavorecidas na disputa no mercado de trabalho, para ao fim desta competição se igualarem.

As ações afirmativas guardam pertinência com os preceitos constitucionais. As pessoas com deficiência possuem o direito ao trabalho digno e respeito ao valor social do trabalho, sem qualquer discriminação, (artigo 7º XXXI, da Constituição Federal), consagrado como direito fundamental e princípio fundamental do Estado Democrático Brasileiro.

Ademais, o Estado, por meio da assistência social, deve promover a integração da pessoa com deficiência à vida social através do trabalho (artigo 203, III e IV da Constituição Federal), sendo, igualmente dever do Estado, conjuntamente com a sociedade e a família, garantir a profissionalização do adolescente com deficiência (artigo 227, §1º, II da Constituição Federal).

Até porque a própria Constituição Federal no Título VII da Ordem Econômica e Financeira em seu artigo 170 determina que a ordem econômica tem por fim assegurar a todos existência digna.

Assim o faz ao prescrever respectivamente que a ordem econômica fundada na livre iniciativa e na valorização do trabalho humano deve observar os seguintes princípios: busca do pleno emprego, a função social da propriedade e a redução das desigualdades sociais.

Servem, portanto, as ações afirmativas de instrumento para a concretização do direito ao trabalho, garantindo também a integração à vida social da pessoa com deficiência, com solidariedade, justiça e liberdade, promovendo a diminuição das desigualdades sociais e a erradicação da pobreza da e marginalização.

Ora, as ações afirmativas, como maneira de expressar a igualdade de oportunidades, têm como escopo erradicar o preconceito e a discriminação.

O contato da maioria com a minoria, compreendidas não em termos numéricos, e sim dentro da concepção de acesso às oportunidades sociais e ao poder estabelecido dentro da sociedade, poderá reduzir o preconceito e a discriminação histórica como consequência[27].

Pelo seu conceito, as ações afirmativas têm prazo determinado, contudo, isto não significa estabelecer de início seu termo final.

Quando muito se deve estabelecer prazo que uma vez atingido propicie uma revisão ou os ajustes necessários, ou até mesmo sua extinção, conforme o caso.

---

(27) LIMA, Firmino Alves. *Mecanismos Antidiscriminatórios nas Relações de Trabalho*. São Paulo: LTr Ed. Nov. 2006, p. 152.

2.3. Pessoas com Deficiência – Denominação e Conceito

A questão da terminologia a ser empregada às pessoas com deficiência tem relevo, pois denota maior ou menor preocupação com o preconceito embutido na expressão adotada.

Nesta esteira, a Constituição de 1934 adotou a expressão de desvalidos, com forte conotação de desqualificação destas pessoas para o convívio social. Em seguida, a Constituição de 1967 empregou a palavra excepcional, mais afeita às pessoas com deficiência mental.

A emenda constitucional de número 12 à Constituição Federal de 1967, publicada em 1978, utilizou-se do termo deficiente para designar estas pessoas, cujo enfoque na deficiência potencializou o preconceito.

A Constituição de 1988 renovou com a expressão pessoas portadoras de deficiência, que ao lado da expressão pessoas com deficiência, tem como núcleo pessoa e qualificativo sua deficiência. Este fator acaba por valorizar o ser humano, desprestigiando o estigma que carregavam as outras terminologias.

Por uma questão hermenêutica legal, o termo correto a ser empregado é pessoas com deficiência, haja vista que com a promulgação da Convenção Internacional sobre os Direitos das Pessoas com Deficiência, pelo Decreto n.6.949 de 2009, o que se fez nos moldes do §3º do artigo 5º da Constituição Federal, ou seja, com força de emenda constitucional, esta expressão guarda força de norma Constitucional, revogando a expressão outrora adotada, pessoas portadoras de deficiência.

Embora este trabalho opte pela nomenclatura constitucional, há ampla gama de maneiras de se referir às pessoas com deficiência, que fogem do modo legal estipulado.

Passemos agora ao conceito de pessoas com deficiência.

Em uma primeira análise, o conceito de pessoa com deficiência foi tratado pela Convenção 159 da Organização Internacional do Trabalho, aprovada pelo Decreto 129/1991: Art. 1.1: "Para efeitos desta Convenção, entende-se por "pessoa deficiente" todas as pessoas cujas possibilidades de obter e conservar um emprego adequado e de progredir no mesmo fiquem substancialmente reduzidas devido a uma deficiência de caráter físico ou mental devidamente comprovada."

Os termos empregados na Carta Constitucional, por ser uma Carta Política, um documento de cidadania, são apreendidos no seu sentido mais usual. Logo, devemos nos socorrer do sentido lexical.

O vocábulo deficiente no dicionário é definido como: em que há deficiência, falta, falha, carência.

Luiz Alberto David Araújo[28], de maneira muito sensível à questão, afirma que diante da complexidade em que a deficiência se apresenta, dado que em alguns a deficiência sequer se traduz em falha e sim excesso, como o é para os superdotados, o enfoque da falha ou falta trazido pelo dicionário não está no indivíduo, e sim em seu relacionamento com o social.

Há uma dificuldade, por falta ou excesso sensorial ou motor, de relacionamento social, de integração na sociedade.

Utilizando-se do pensamento médio, na tentativa de uma conceituação de pessoa com deficiência, vem-nos à mente o arquétipo da pessoa portadora de alguma limitação em seu corpo que a impossibilita de viver em sociedade do modo dito "normal", e que para integrar-se ao meio em que vive necessita de equipamentos ou recursos que outros, "sem deficiência" não necessitam.

Nesse sentido, a Lei não diverge muito. Vejamos.

O Decreto 3.298/99 que regulamentou a Lei 7.853/1989, alterado pelo Decreto 5.296/2004, traz conceito legal de pessoa com deficiência

Artigo 3º "Para os efeitos deste Decreto, considera-se:

I – deficiência – toda perda ou anormalidade de uma estrutura ou função psicológica, fisiológica ou anatômica que gere incapacidade para o desempenho de atividade, dentro do padrão considerado normal para o ser humano;

II – deficiência permanente – aquela que ocorreu ou se estabilizou durante um período de tempo suficiente para não permitir recuperação ou ter probabilidade de que se altere, apesar de novos tratamentos; e

III – incapacidade – uma redução efetiva e acentuada da capacidade de integração social, com necessidade de equipamentos, adaptações, meios ou recursos especiais para que a pessoa portadora de deficiência possa receber ou transmitir informações necessárias ao seu bem-estar pessoal e ao desempenho de função ou atividade a ser exercida."

---

(28) ARAUJO, Luiz Alberto David. *A Proteção Constitucional das Pessoas Portadoras de Deficiência*. 2ª edição. Brasília: Programa Nacional de Direitos Humanos, 1997, p. 18/22.

Percebe-se que a deficiência, permanente ou não, está no relacionamento social. Deveras, a deficiência está atrelada ao conceito de incapacidade, esta, por sua vez, caracteriza-se pela redução efetiva e acentuada da capacidade de integração social.

Observa-se que ao vincular a deficiência à incapacidade, quanto mais inclusivo for o meio, maior será a capacidade de integração social da pessoa com deficiência, transmitindo esta função para o meio e retirando-a da pessoa.

Se o ambiente externo, que inclui arquitetura, transporte coletivo, ferramentas de apoio ao trabalho, não for inclusivo, a deficiência ocasionará limitação.

Logo, percebe-se que a deficiência não decorre do meio; contudo, este potencializa a deficiência quando limita ou ignora as necessidades de quem a tem.

Dentro daquele arquétipo suprarreferido, ao observarmos o meio social, apreendemos de imediato alguns padrões de pessoas com deficiência. Neste sentido, vislumbramos os deficientes físicos, auditivos, visuais, mentais por vezes, os deficientes que portam diversas "anomalias".

A Lei (Decreto n. 3.298/1999) não foge destes parâmetros. Mais, ao categorizar as deficiências no seu artigo 4º em física, auditiva, visual, mental e múltipla, procura trazer critérios específicos que devem ser observados para os fins a que nos propomos neste livro.

Deficiência física – alteração completa ou parcial de um ou mais segmentos do corpo humano, acarretando o comprometimento da função física, apresentando-se sob a forma de paraplegia, paraparesia, monoplegia, monoparesia, tetraplegia, tetraparesia, triplegia, triparesia, hemiplegia, hemiparesia, ostomia, amputação ou ausência de membro, paralisia cerebral, nanismo, membros com deformidade congênita ou adquirida, exceto as deformidades estéticas e as que não produzam dificuldades para o desempenho de funções.

Deficiência auditiva – perda bilateral, parcial ou total, de 41 decibéis (dB) ou mais, aferida por audiograma nas frequências de 500HZ, 1.000HZ, 2.000Hz e 3.000Hz.

Deficiência visual – cegueira, na qual a acuidade visual é igual ou menor que 0,05 no melhor olho, com a melhor correção óptica; a baixa visão, que significa acuidade visual entre 0,3 e 0,05 no melhor olho, com a melhor correção óptica; os casos nos quais a somatória da medida do campo visual em ambos os olhos for igual ou menor que 60°; ou a ocorrência simultânea de quaisquer das condições anteriores.

Deficiência mental – funcionamento intelectual significativamente inferior à média, com manifestação antes dos 18 anos e limitações associadas a duas ou mais áreas de habilidades adaptativas, tais como: comunicação; cuidado pessoal; habilidades sociais; utilização dos recursos da comunidade; saúde e segurança; habilidades acadêmicas; lazer; e trabalho.

Deficiência múltipla – associação de duas ou mais deficiências.

Observe que estes critérios legais aqui adotados também são adotados pelo Ministério do Trabalho e Emprego[29]. São critérios seguros e que permitem com segurança identificar este grupo social. Este é o conceito que deve ser adotado para os fins propostos neste livro, qual seja o preenchimento das cotas.

Finalmente, temos o conceito da Convenção Internacional sobre os Direitos das Pessoas com Deficiência. Artigo 1.1: "Pessoas com deficiência são aquelas que têm impedimentos de longo prazo de natureza física, mental, intelectual ou sensorial, os quais, em interação com diversas barreiras, podem obstruir sua participação plena e efetiva na sociedade em igualdades de condições com as demais pessoas."

Esta Convenção reconhece que a deficiência resulta da interação das pessoas com deficiência e a barreiras e atitudes que as impedem de integrar-se à sociedade.

Verifica-se que a Lei Brasileira de Inclusão da Pessoa com Deficiência (Estatuto da Pessoa com deficiência), Lei Federal n. 13.146, publicada em 07 de julho de 2015, repete o conceito da Convenção a que nos referimos, o que o faz em seu artigo 2º.

O Estatuto avança e elenca as barreiras que são enfrentadas pelas pessoas com deficiência, quais sejam: urbanísticas, arquitetônicas, nos transportes, nas comunicações, tecnológicas e atitudinais. Finalmente, a caracterização da deficiência está a cabo de equipe multidisciplinar.

O Decreto 3.298/1999, por sua vez, pormenoriza as categorias de deficiência, e, neste sentido, não destoa e sim complementa os conceitos adotados na Convenção Internacional sobre os Direitos da Pessoas com Deficiência e no Estuto das Pessoas com Deficiência, embora estejam alijados importantes fatores que levam à incapacidade, tais como o albinismo, os superdotados, as deficiências de metabolismo, dentre outras, o que não impede o ingresso no Poder Judiciário, para que, com base na Convenção e no artigo 3º do Decreto em comento, reconheçam estas como incapacidades, posto que levam à obstrução de sua participação plena e efetiva na sociedade.

---

(29) Disponível em http://www3.mte.gov.br/fisca_trab/inclusao/lei_cotas_2.asp. Acesso em 29 de janeiro. de 2015.

O Decreto 3.298/1999 estabeleceu quais as diretrizes da Política Nacional para Integração das Pessoas com Deficiência, dentre elas: criação de mecanismos de integração socioeconômica e cultural destas pessoas, em ação conjunta do Estado e da sociedade civil, proporcionando o exercício dos direitos previstos na Constituição e na Lei, sem cunho assistencialista, em igualdade de oportunidades, propiciando bem-estar pessoal, econômico e social.

Depreende-se do que foi dito que o paradigma que todos seguem e acham ideal na atual sociedade brasileira, com relação às pessoas com deficiência, é o da inclusão social.

Do modelo exclusivista, em que as pessoas com deficiência eram segregadas da sociedade, tornando-se reclusos em institutos cujo abrigo envolvia não só os deficientes, como também detentos, idosos e doentes, passou-se ao modelo inclusivista[30].

Para o modelo inclusivista da desinstitucionalização, a pessoa com deficiência não é segredada da comunidade. Entendem os adeptos deste movimento que a inclusão não pode passar em separado da sociedade.

Pelo contrário, como é o pensamento dominante atual, o meio deve se adaptar para incluir em seus sistemas sociais gerais as pessoas com deficiência, e estas, simultaneamente, devem se preparar para assumir seus papéis na sociedade.

É um processo bilateral de equacionamento dos problemas, decisão de soluções e efetivação das oportunidades.

2.4 Tratamento Legal Deferido às Pessoas com Deficiência no Brasil

2.4.1 Tratamento constitucional

Verificou-se que o modelo adotado no Brasil é o da inclusão social. Analisaremos agora o conteúdo do direito à integração social.

---

(30) CEZAR, Kátia Regina. *Pessoas com Deficiência Intelectual Inclusão Trabalhista Lei de Cotas*. São Paulo: LTr Ed., 2012, p. 37/43.

As Constituições Federais de 1824 e 1891 consagravam tão somente o direito à igualdade para as pessoas com deficiência. Esse direito foi repetido em todas as Constituições seguintes.

Contudo, apenas a partir da Constituição Federal de 1934, a revelar o caráter social desta, é que houve, ainda que em incipiente, o direito à integração social, determinando o amparo aos desvalidos.

A Constituição Federal de 1937 repetiu a anterior. Na Constituição Federal de 1946 houve uma breve menção ao direito à previdência, fórmula seguida pela Constituição de 1967. A emenda n. 1 à Constituição de 1967 determinava que uma Lei especial cuidaria da educação dos excepcionais.

Somente com a emenda constitucional 12 de 1978 é que houve grande avanço na integração social das pessoas com deficiência.

Com efeito, pela redação da emenda garantiu-se o direito à acessibilidade a edifícios e logradouros públicos, à educação especial e gratuita, à reabilitação e assistência para reinserção na vida econômica, vedou-se a discriminação no acesso ao trabalho e ao salário.

A Constituição atual trouxe a proteção de forma dispersa.

Assim, veda a discriminação no acesso ao trabalho e ao salário no artigo 7º, XXXI. Garante a habilitação e a reabilitação no artigo 203. Inova com o direito a um salário mínimo mensal.

Prevê a obrigatoriedade do ensino especializado (artigo 208, III). Traça metas para a família, sociedade e Estado, inclusive no treinamento para o trabalho (artigo 227).

Quanto às competências dos entes federativos, o cuidado com a proteção das pessoas com deficiência é comum a todos os entes (artigo 23, II da Constituição Federal); contudo, a competência legislativa é concorrente entre a União, Estado e Distrito Federal, (artigo 24, XIV da Constituição Federal).

Para que a pessoa com deficiência possa se integrar à sociedade, a nossa Constituição trouxe o rol de direitos fundamentais, que devem ser observados em conjunto para atingir o desiderato da inclusão social.

Estes direitos são baseados na igualdade material, via de regra, que a par de vedar a discriminação dá suporte à proteção social, haja vista a necessidade de um tratamento específico.

Nesta esteira, temos o direito à saúde, dever do Estado (artigo 196 da Constituição Federal) que compreende: o direito de estar são, o direito de permanecer são, e o direito à habilitação e reabilitação (artigo 203, IV), posto que a saúde é o estado físico e mental sãos, o que possibilita uma vida integrada na sociedade.

Ainda, o direito ao trabalho (artigos 193 e 203, III da Constituição Federal) como meio de subsistência, forma de afirmação pessoal e social, intimamente ligada, portanto, com a dignidade humana, deve ser garantido, seja em ambientes protegidos, seja em ambientes regulares.

Criou-se assim em sede constitucional uma ação afirmativa no setor público ao se reservar 20% das vagas nos concursos públicos para as pessoas com deficiência, nos moldes do artigo 37, VIII, de acordo com a Lei n.8.112/1990.

Para efeitos desta obra, este dispositivo não será analisado e será aqui mencionado apenas para compor a forma constitucional do direito ao trabalho das pessoas com deficiência.

Como direito, temos ainda o direito à acessibilidade em logradouros e edifícios, bem como ao transporte especializado (artigo 227, § 2º da Constituição Federal), que dá suporte ao direito ao trabalho, dentre outros, sendo assim direito correlato àquele, ou seja, direito meio conquanto possa se expressar como direito autônomo.

Deveras, o exercício democrático da cidadania implica lazer, tratamento médico, dentre outros, os quais são propiciados pelo transporte adequado.

Não cabe ao Estado tão somente proporcionar veículos públicos adaptados, este deve também estimular a fabricação de meios de transporte privados condizentes com as necessidades das pessoas com deficiência, sobretudo considerando a ausência de transporte coletivo nestes moldes.

Importante direito é o de convívio em uma família esclarecida, sem preconceitos (artigo 227) que rotineiramente maculam os laços de família, na maioria das vezes por ignorância.

Assim, nascem a vergonha, a superproteção, a segregação, e demais sentimentos perniciosos à integração social das pessoas com deficiência.

Logo, há um direito de um serviço de informação para família, dever estatal contido no § 8º do artigo 226 da Constituição Federal, a fim de que sentimentos perniciosos como os acima exemplificados sejam extirpados, favorecendo a integração social das pessoas com deficiência.

A educação, outro direito garantido, é para todos e tem como escopo a formação da cidadania e a qualificação para o trabalho. É dever da família e do Estado, com a colaboração da sociedade (artigo 205 da Constituição Federal).

É direito inclusive para as pessoas com deficiência, de maneira que esta educação se dará em estabelecimento especial ou comum, com educação especializada (artigo 208, III da Constituição Federal).

A educação para as pessoas com deficiência, embora especial, será realizada preferencialmente em rede regular de ensino.

Somente em casos de impossibilidade será realizada fora deste âmbito. Isto revela a intenção de inserção social da pessoa com deficiência.

Ademais, é dever da família, da sociedade e do Estado a integração social do adolescente com deficiência através do treinamento para o trabalho (artigo 227, §1º, II da Constituição Federal).

A eliminação de barreiras arquitetônicas (artigo 227, § 2º da Constituição Federal) constitui direito meio, haja vista ser imprescindível ao exercício dos demais direitos. Constitui grave barreira à integração social.

Para as pessoas com deficiência que não podem promover o próprio sustento, por meio do trabalho, considerando não só as condições subjetivas como também as objetivas (dificuldade de transporte, por exemplo), devem ter direito a uma renda mensal. É o benefício de prestação continuada previsto no artigo 203, V da Constituição Federal.

O lazer, por meio do esporte ou frequência em locais públicos, como cinemas, museus, dentre outros, faz parte de sua integração social. É direito garantido nos artigos 215 e 217 da Constituição Federal, devendo o Estado incentivar e garantir.

A Convenção Internacional sobre os Direitos das Pessoas com Deficiência, promulgada pelo Decreto n. 6.949 de 2009 e aprovada pela forma do § 3º do artigo 5º da Constituição Federal, ingressou no nosso ordenamento com força de emenda Constitucional. Conquanto não seja o único instrumento internacional relativo ao tema, merece estudo para apreensão do seu conteúdo.

Dentre os princípios da Convenção está a não discriminação, a igualdade de oportunidades e a plena participação e inclusão na sociedade.

Tem como objetivos promover, proteger e assegurar às pessoas com deficiência o exercício pleno e equitativo de todos os direitos e liberdades fundamentais descritos na Convenção, bem como promover o respeito à sua dignidade e combater a discriminação.

Reconhece a Convenção, no entanto, que os direitos econômicos, sociais e culturais são normas programáticas que, sem afastar seus efeitos imediatos, devem ser assegurados progressivamente, sendo que a aplicação da Convenção será de forma subsidiária em face da existência de uma política já contida na legislação do Estado.

Quanto ao direito de conviver em família, a Convenção determina que haja um programa de conscientização, não só da família como de toda sociedade, a respeito dos direitos e capacidades da pessoa com deficiência, combatendo igualmente o preconceito, indo ao encontro de nossa constituinte.

Trata da acessibilidade, com a eliminação de obstáculos e barreiras em espaços públicos ou de uso público, em escolas e local de trabalho, dentre outros, especificando-os, estendendo a acessibilidade ao transporte e à comunicação, incentivada por meio de tecnologias, o que encontra previsão semelhante na nossa Carta Constitucional.

Garante o direito à liberdade de locomoção, facilitando a mobilidade pessoal a preço acessível.

Garante o direito à educação, que baseada na igualdade de oportunidades, dar-se-á pelo modelo inclusivo, sendo ministrada dentro do sistema educacional comum de forma especial. Este modelo internacional coaduna-se com o adotado nacionalmente.

Quanto à saúde, coloca como dever do Estado, incluindo os serviços de habilitação e reabilitação que propiciem o desenvolvimento da capacidade física, mental, social e profissional, e autonomia para a plena inclusão na vida social, inclusive com o uso de tecnologias assistivas.

Quanto ao trabalho, o Estado reconhece o direito ao trabalho em ambiente inclusivo e acessível e em igualdade de oportunidade, devendo adotar medidas de combate à discriminação, de promoção do emprego no setor privado, o que poderá ser feito por meio de ações afirmativas e de aperfeiçoamento profissional através de treinamento profissional, orientação técnica e profissional.

Esta análise não esgota o rol de direitos previstos na Convenção, mas serve ao propósito desta obra.

2.4.2 Tratamento infraconstitucional

Com base na competência legislativa constitucional foi editada a Lei n. 7.853/1989 pela União dispondo sobre o apoio às pessoas com deficiência e sua integração social. Posteriormente, a Presidência da República editou o Decreto 3.298/1999. Por fim temos o Estatuto das Pessoas com Deficiência a que nos referimos outrora. Há outras Leis que traremos no desenrolar deste capítulo.

A Lei n. 7.853/1989 enumera cinco áreas principais para implantação de políticas públicas voltadas às pessoas com deficiência: saúde, educação, formação profissional, recursos humanos, acessibilidade e trabalho.

O Estatuto, por sua vez, após trazer alguns conceitos no Livro I Título I Capítulo I, passa a elencar os direitos das pessoas com deficiência, atribuindo ao Estado, à Sociedade e à família o dever de assegurá-los.

O primeiro é o direito à igualdade e à não discriminação, com a garantia dada a este agrupamento humano da faculdade de aderir ou não às ações afirmativas.

Temos ainda o direito à vida digna, direito à moradia, à assistência social, à previdência social, direito à cultura, esporte, lazer e turismo, direito ao transporte e à mobilidade, direito de acessibilidade, à informação, à comunicação e à tecnologia assistiva, bem como fomento pelo poder público ao desenvolvimento científico voltado à melhoria da qualidade de vida e ao trabalho da pessoa com deficiência.

Completando o elenco de direitos garante a Lei o Direito à habilitação e reabilitação, profissional inclusive, à saúde, à educação e ao trabalho.

O processo de habilitação e a reabilitação é um direito da pessoa com deficiência. A habilitação e a reabilitação são assuntos tratados nas diversas áreas de implantação das políticas públicas.

O Estatuto da Pessoa com Deficiência determina que a habilitação e a reabilitação iniciam-se por avaliação multidisciplinar a fim de identificar as necessidades, potencialidades e habilidades de cada pessoa com deficiência.

São garantidos nos programas e serviços de habilitação e reabilitação acessibilidade em todos os ambientes, o uso de tecnologia assistiva e apoio técnico profissional.

A habilitação e a reabilitação tem por objetivos: desenvolver as potencialidades, as aptidões físicas, cognitivas, sensoriais, psicossociais, atitudinais, profissionais e artísticas com vistas à autonomia e participação da pessoa com deficiência na sociedade.

Temos a habilitação e a reabilitação na área da saúde. Destina-se às pessoas com deficiência, qualquer que seja o grau de deficiência. Tem como escopo melhoria na qualidade de saúde e de vida.

O Decreto n. 3.298/1999 ainda no âmbito da saúde determina que a reabilitação se destina à vida como um todo da pessoa com deficiência. Deveras, entende a Lei a reabilitação na área da saúde como o processo destinado a permitir que a pessoa com deficiência alcance o nível físico, mental ou social funcional ótimo, com o auxílio de órteses, próteses, elementos especiais para facilitar a comunicação e a educação, adaptações ambientais, tratamentos psicológicos, dentre outros recursos, aumentando as possibilidades de independência e inclusão da pessoa com deficiência.

Temos a habilitação e reabilitação profissional.

O Estatuto prevê a habilitação e a reabilitação profissional como direito das pessoas com deficiência. Entende-se por habilitação e reabilitação profissional o processo orientado a possibilitar que a pessoa com deficiência, a partir da identificação de suas potencialidades laborativas, adquira o nível suficiente de desenvolvimento profissional para ingresso e reingresso no mercado de trabalho, bem como progressão nele.

Logo, trata-se de um processo destinado a propiciar trabalho, outro direito objeto das políticas públicas voltadas às pessoas com deficiência, que detalharemos mais abaixo.

Uma equipe multidisciplinar indicará o programa a que deve se sujeitar a pessoa com deficiência, qualquer que seja sua característica específica, podendo se desenvolver de forma articulada com redes públicas ou privadas, especialmente de saúde, ensino e assistência social, inclusive podendo desenvolver-se diretamente com o empregador.

Reza o Decreto regulamentar em seu artigo 30 que "A pessoa portadora de deficiência (sic), beneficiária ou não do Regime Geral de Previdência Social, tem direito às prestações de habilitação e reabilitação profissional para capacitar-se a obter trabalho, conservá-lo e progredir profissionalmente."

Verifica-se que temos um direito a ser resguardado independente de estar a pessoa com deficiência vinculada ao Regime Geral da Previdência.

Cumpre desde já observar que a Lei n. 8.213/1991, Lei que dispõe sobre os Planos de Benefício da Previdência Social, em seus artigos 89 e seguintes, traz normatização quanto à habilitação das pessoas com deficiência. Habilitação esta devida somente aos segurados do Regime Geral da Previdência, dada a natureza de prestação previdenciária na modalidade serviço.

Na área da educação, o Estatuto prevê a educação inclusiva como direito da pessoa com deficiência em todos os níveis, garantindo-se o acesso à educação superior e à educação tecnológica em igualdade de oportunidades e condições com as demais pessoas, com possibilidade de oferta de profissionais de apoio escolar, que ajudarão a pessoa com deficiência em todas as atividades escolares, tais como higiene, locomoção etc., com exceção das técnicas.

A educação das pessoas com deficiência permeia todas as modalidades de ensino, inclusive a educação profissional, cuja finalidade é obter habilitação profissional, ou seja, o processo destinado a propiciar à pessoa com deficiência, em nível formal e sistematizado, aquisição de conhecimentos e habilidade especificamente associados à determinada profissão ou ocupação.

É dever das instituições de ensino superior, profissional ou tecnológica, pública ou privada, adotar as seguintes medidas, sem prejuízo de outras descritas no artigo 30 do Estatuto: disponibilização de prova em formato acessível para atendimento às necessidades específicas do candidato com deficiência; dilação de tempo, conforme necessidade do candidato, tanto no exame para seleção como nas atividades acadêmicas.

A educação profissional para a pessoa com deficiência será oferecida nos níveis básico, técnico e tecnológico, em escola regular, em instituições especializadas e nos ambientes de trabalho.

Considera-se pessoa com deficiência habilitada aquela que concluiu curso de educação profissional de nível básico, técnico ou tecnológico, ou superior, com certificação ou diplomação expedida por instituição pública ou privada, legalmente credenciada pelo Ministério da Educação ou órgão equivalente, ou aquela com certificado de conclusão de processo de habilitação ou reabilitação profissional fornecido pelo Instituto Nacional do Seguro Social – INSS.

Considera-se, também, pessoa com deficiência habilitada aquela que, não tendo se submetido a processo de habilitação ou reabilitação, esteja capacitada para o exercício da função.

A definição de pessoa com deficiência habilitada é importante quando formos analisar a Lei de Cotas, ação afirmativa voltada às pessoas com deficiência.

A Lei n. 7.853/1989 tratou do direito ao trabalho, nas alíneas do inciso III do parágrafo único do artigo 2º. Traçou linhas de ação governamental: apoio à formação profissional e acesso aos cursos de formação profissional; adoção de ações para inserção da pessoa com deficiência no mercado de trabalho, inclusive com a adoção de medidas legislativas, garantindo reserva de vagas nos setores privado e público; e finalmente criação e manutenção de emprego para as pessoas com deficiência alijadas dos empregos comuns.

A medida legislativa de reserva de vagas, a Lei de Cotas a que nos referimos, no setor privado veio prevista no artigo 93 da Lei 8.213/1991 que prevê percentuais de vagas a serem preenchidas por pessoas acidentadas reabilitadas, ou pessoas com deficiência habilitadas, de acordo com a quantidade de empregados na seguinte razão.

Para as empresas de 100 a 200 empregados: 2%; de 201 a 500 empregados: 3%; de 501 a 1000: 4%; por fim de 1001 em diante: 5%.

Veja que o Estatuto da Pessoa com Deficiência ratifica o Sistema de Cotas, porquanto traz a garantia de igualdade de oportunidade das pessoas com deficiência em relação às demais pessoas no acesso ao trabalho de sua livre escolha, sendo que constitui finalidade das políticas públicas de trabalho promover e garantir condições de acesso e permanência das pessoas com deficiência no campo de trabalho.

Temos, também, o benefício de prestação continuada, referido na Constituição Federal (artigo 203, V), previsto no artigo 2º, e da Lei 8.742/1993 para a pessoa com deficiência que comprove não possuir meios de garantia de sua manutenção ou tê-la mantida por sua família.

Na área de recursos humanos, a Lei n. 7.853/1989 prevê a formação de professores de nível médio para a Educação Especial, de técnicos de nível médio especializados na habilitação e reabilitação, e de instrutores para formação profissional, (artigo 2º, parágrafo único, IV, a).

O Estatuto da Pessoa com Deficiência defende a adoção de práticas pedagógicas inclusivas através da formação inicial e continuada de professores para atendimento da educação especializada; pesquisas para desenvolvimento de técnicas e métodos pedagógicos; inclusão em conteúdos curriculares de temas relacionados com pessoas com deficiência no ensino superior, técnico e tecnológico, dentre outros.

A acessibilidade, erigida como direito pelo Estatuto, deve garantir à pessoa com deficiência ou mobilidade reduzida vida de forma independente, participação social e cidadania.

Determina, outrossim, o Estatuto que os edifícios privados de uso coletivo, na reforma, construção, mudança de uso e ampliação deverão observar a acessibilidade.

A acessibilidade propugna a remoção de todos os óbices em edifícios, logradouros e no transporte. Recentemente, a matéria foi objeto de apreciação legislativa, culminando na Lei n. 10.098/2000, que determina séries de medidas arquitetônicas como forma de alcançar a acessibilidade.

Neste diapasão, nas edificações de uso coletivo, em que o ambiente de trabalho insere-se, deve-se proceder a uma ampla gama de alterações arquitetônicas.

Nas áreas externas ou internas da edificação, destinadas à garagem e ao estacionamento de uso público, deverão ser reservadas vagas próximas dos acessos de circulação de pedestres, devidamente sinalizadas, para veículos que transportem pessoas com deficiência e com dificuldade de locomoção permanente.

Pelo menos um dos acessos ao interior da edificação deverá estar livre de barreiras arquitetônicas e de obstáculos que impeçam ou dificultem a acessibilidade de pessoa com deficiência ou com mobilidade reduzida.

Pelo menos um dos itinerários que comuniquem horizontal e verticalmente todas as dependências e serviços do edifício, entre si e com o exterior, deverá cumprir os requisitos de acessibilidade de que trata esta Lei.

Os edifícios deverão dispor, pelo menos, de um banheiro acessível, distribuindo-se seus equipamentos e acessórios de maneira que possam ser utilizados por pessoa com deficiência ou com mobilidade reduzida.

2.5 Sistemas de Cotas

2.5.1 Política de emprego para os deficientes – colocação competitiva, seletiva e por conta própria

Observamos que a Lei garantiu percentual de trabalhadores com deficiência nas empresas com mais de 100 empregados. Passaremos a analisar detalhadamente qual a política de emprego adotada para este agrupamento humano.

Podem compor as cotas tanto o trabalhador acidentado e reabilitado como a pessoa com deficiência habilitada.

Contudo, as cotas não são destinadas apenas aos acidentados reabilitados, às pessoas com deficiência habilitadas e com certificação do INSS, elas estendem-se àquelas que concluíram o curso de educação profissional de nível básico, técnico ou tecnológico, curso superior legalmente credenciado pelo Ministério da Educação ou órgão equivalente (artigo 36, § 2º do Decreto n. 3.298/1999) e, finalmente, àquelas que não tenham se submetido a nenhum processo de habilitação, mas estejam capacitadas para o exercício da função (artigo 36, § 3º do Decreto n. 3.298/1999).

Novidade trazida pelo Estatuto da Pessoa com Deficiência é a possibilidade de preenchimento da cota por pessoa com deficiência que se submeta a processo de habilitação profissional na empresa (art. 36, § 6º) desde que formalizado contrato de emprego por prazo determinado com a pessoa com deficiência e haja concomitantemente inclusão profissional na empresa.

Importante tecer breves comentários sobre esta nova modalidade de preenchimento das cotas reservadas às pessoas com deficiência.

Inicialmente, a Lei não especifica qual é o prazo do contrato, posto que este é determinado, resta a dúvida se fica ao arbítrio da empresa estabelecê-lo ou ao Poder Público, posto que este é o responsável por implementar os processos de habilitação e reabilitação profissional, na redação do artigo 36.

Igualmente, apesar de fomentar a inclusão da pessoa com deficiência no mercado de trabalho, não há menção de qual atividade se submeterá a pessoa com deficiência, o que pode colocá-la em situação de fragilidade quanto ao posto de trabalho, haja vista que a intenção da Lei não é pura e simplesmente cumprir cota e sim dar dignidade à pessoa com deficiência, faltando mecanismos na Lei de fiscalização neste sentido.

Diferente da aprendizagem como veremos adiante.

A novidade legislativa está sujeita à regulamentação, mas sugerimos que o contrato de trabalho por prazo determinado não ultrapasse o prazo de 2 anos considerando o disposto no artigo 445 da Consolidação das Leis Trabalhistas e que esta novidade trata de contrato de emprego, logo regido pela CLT.

Em suma, a reserva de vagas no setor privado tem como parâmetro o número de empregados contratados na empresa. Sobre este critério incide um percentual. Comporão as cotas obtidas na aplicação do percentual sobre o número de empregados as pessoas com deficiência e os trabalhadores acidentados e reabilitados.

As pessoas com deficiência a que se destinam as cotas são aquelas concebidas pelo Decreto n. 3.298/1999, seja elas pregressas de processo de habilitação do INSS, ou que tenham concluído curso de educação profissional ou que, independente de qualquer formação, estejam aptas ao trabalho, ou, finalmente, que tenham sofrido processo de habilitação profissional na empresa, nos termos do § 6º do artigo 36 do Estatuto.

É importante atentarmos que as vagas a serem destinadas às pessoas com deficiência não necessariamente restringem-se às funções subalternas. De acordo com as possibilidades da pessoa com deficiência, pode-se alocá-las em diversos setores da empresa. Vejamos.

No ramo de segurança privada, pode-se ofertar vagas às pessoas com deficiência para que façam o monitoramento por meio de controle remoto (televisão, internet, entre outros). Os exemplos são diversos, a referência acima serve apenas para demonstrar as possibilidades.

É importante ressaltar que a finalidade da Lei de Cotas é promover a inclusão e não "tapar buracos" para cumprir a Lei.

Nesse sentido, percebe-se que, inobstante tenha relevância a qualificação profissional garantindo a habilitação com a aquisição de conhecimentos específicos à determinada profissão ou ocupação, não há uma vinculação desta ao preenchimento das cotas pelas pessoas com deficiência.

A incorporação das pessoas com deficiência no mercado de trabalho dar-se-á pelo trabalho protegido, nos termos do artigo 34 do Decreto regulamentar n. 3.298/1999:

"É finalidade primordial da política de emprego a inserção da pessoa portadora de deficiência (sic) no mercado de trabalho ou sua incorporação ao sistema produtivo mediante regime especial de trabalho protegido."

Como forma de garantir as cotas por meio do regime especial de trabalho protegido, o Decreto prevê as diferentes modalidades de inserção da pessoa com deficiência no mercado de trabalho: colocação competitiva, seletiva e por conta própria.

Determina, neste sentido, o artigo 35 do diploma legal referido:

"Art. 35. São modalidades de inserção laboral da pessoa portadora de deficiência (sic):

I – colocação competitiva: processo de contratação regular, nos termos da legislação trabalhista e previdenciária, que independe da adoção de procedimentos especiais para sua concretização, não sendo excluída a possibilidade de utilização de apoios especiais;

II – colocação seletiva: processo de contratação regular, nos termos da legislação trabalhista e previdenciária, que depende da adoção de procedimentos e apoios especiais para sua concretização; e

III – promoção do trabalho por conta própria: processo de fomento da ação de uma ou mais pessoas, mediante trabalho autônomo, cooperativado ou em regime de economia familiar, com vistas à emancipação econômica e pessoal."

Preliminarmente, antes de tratarmos dos modos de contratação, é forçoso conceituarmos alguns elementos assistivos que se agregam às obrigações contratuais entre o empregador e o trabalhador com deficiência.

Os elementos tecnológicos assistidos estão previstos na norma brasileira, NBR 9050:2004 da ABNT, com vistas à independência da pessoa com deficiência na vida diária.

O Decreto sob análise, por sua vez, traça alguns elementos assistivos elencados nos artigos 19 e 35 §§ 2º e 3º, definidos respectivamente como ajudas técnicas, procedimentos especiais e apoios especiais.

Ajudas técnicas vão desde órteses, próteses, equipamentos e utensílios de trabalho especialmente desenhados para pessoas com deficiência, animais, até adaptações ambientais e fornecimento de bolsas coletoras. Compõem, enfim, um amplo rol voltado à compensação de limitações das pessoas com deficiência.

Procedimentos especiais são meios especiais destinados à contratação das pessoas com deficiência, cujo grau de severidade da deficiência impõe que sejam adotadas condições especiais de trabalho, tais como jornada variável, horário flexível, entre outros.

Como último elemento assistivo temos os apoios especiais. Conceito amplo voltado à eliminação das barreiras de mobilidade e comunicação, e tem como elemento integrante o serviço de apoio pessoal no aprimoramento do relacionamento interpessoal entre empregado e chefe imediato, bem como demais empregados.

Todos estes elementos assistivos integram o contrato de trabalho. É premissa, quando se trata de Lei de Cotas, que não é a pessoa com deficiência que deve se adaptar ao meio ambiente de trabalho, e sim é dever da empresa incorporar a pessoa com deficiência ao trabalho. Isso porque a finalidade da Lei é promover a integração, e não a segregação.

Não é demais dizer que a Convenção Internacional sobre Direitos da Pessoa com Deficiência, internalizada em nosso ordenamento jurídico com força de norma constitucional, assevera no seu artigo 27 quando trata do direito ao trabalho e emprego, que este direito será exercido em ambiente de trabalho que seja aberto, inclusivo e acessível a pessoas com deficiência.

Ainda dentro da Convenção, os Estados Partes, no qual se inclui o Brasil, assegurarão que adaptações razoáveis sejam feitas para pessoas com deficiência no local de trabalho, o que no caso brasileiro tem sido feito precipuamente por meio do controle do Poder Judiciário.

No campo legislativo o Estatuto da Pessoa com Deficiência expressamente atribui às pessoas jurídicas de direito privado, na qual se inclui as empresas, a obrigação de manter ambientes de trabalho acessíveis e inclusivos (art. 34, § 1º).

Em âmbito geral as edificações privadas de uso coletivo já existentes devem se adaptar e garantir à acessibilidade á pessoa com deficiência em todas as suas dependências e serviços, tendo como norma a regras de acessibilidade vigentes.

Embora os elementos assistivos componham as obrigações contratuais, como asseveramos, não há por parte do Estado uma política de incentivos para o setor privado, obrigado pelo regime de cotas a contratar pessoas com deficiência, divergindo dos modelos internacionais, como em quase toda Europa, como aponta Glaucia Gomes Vergara Lopes[31].

Isto revela que no trato da livre iniciativa e dos valores sociais do trabalho, e na equação entre o do direito fundamental do trabalho e o da propriedade, ainda que esta esteja sujeita à sua função social, há um ônus maior a ser suportado pelo setor produtivo, em dissonância com o princípio da proporcionalidade que propugna pela mínima redução dos direitos fundamentais e atenção a todos os interesses envolvidos.

Uma política de incentivos econômicos não só desoneraria os encargos assumidos pelas empresas, como facilitaria a implementação da ação afirmativa.

Não se trata de novidade, pois a própria Carta Constitucional em seu artigo 195, § 9º prevê a possibilidade de alíquotas e bases de cálculo diferenciadas em razão da utilização intensiva da mão de obra e atividade econômica.

Ainda temos a previsão legal, outorgada ao Chefe do Poder Executivo Federal, consistente na possibilidade de promover mecanismos de estímulo às empresas que utilizem empregados com deficiência (artigo 22, IV, § 4º da Lei n. 8.212/1991).

A bem da verdade, o Estatuto da Pessoa com Deficiência traz tímida tentativa de reversão deste desequilíbrio enfrentado pelas empresas, pois ao tratar da inclusão da pessoa com deficiência no trabalho, determina que as adaptações necessárias a serem promovidas neste ambiente não podem acarretar ônus desproporcional e indevido às empresas.

Após este aparte, voltemos aos modelos de contratação das pessoas com deficiência.

---

(31) LOPES, Glaucia Gomes Vergara. *A inserção do portador de deficiência no mercado de trabalho*: a efetividade das leis brasileiras. São Paulo: LTr Ed., agosto de 2005.P. 93

O Estatuto da Pessoa com Deficiência elenca o modo de inclusão da pessoa com deficiência no trabalho, qual seja o competitivo, nos termos da legislação trabalhista e previdenciária.

Seguindo esta Legislação trabalhista o Decreto n. 3.298/1999 traz os parâmetros dos modos de acesso ao trabalho.

O modelo de contratação por colocação competitiva está previsto no inciso I do artigo 35 do Decreto regulamentar n. 3.298/99, sendo regra na contratação das pessoas com deficiência.

Caracteriza-se por modo de contratação regular, com dispensa de procedimentos especiais e opção, quando necessário, pela utilização de apoios especiais, que incluem ajudas técnicas (órteses, próteses, utensílios de trabalho especialmente desenhados, entre outros), orientação e supervisão pessoal com vistas a melhorar o relacionamento entre a pessoa com deficiência e seus colegas ou superiores, entre outros.

Este modelo de contratação serve para o fim de preenchimento das cotas.

O Estatuto da Pessoa com Deficiência não disciplina outros meios de colocação, embora o Decreto n. 3.298/1999 o faça. Assim entendemos vigentes os modos de contratação a seguir elencados, posto que não vedados em Lei.

A colocação seletiva é um modo de contratação regular que depende da adoção de procedimentos e apoios especiais. Nesse caso, presta-se para fins de preenchimento da cota, posto que não difere muito do modo de colocação competitivo, a não ser pela necessidade dos elementos assistivos.

O grande diferencial do modo de colocação seletivo é a possibilidade de intermediação por entidades beneficentes de assistência social, constituídas normalmente como associações, a exemplo das APAEs (Associação de Pais e Amigos dos Excepcionais).

Estas entidades cuidam da preparação da pessoa com deficiência na identificação de suas habilidades e competências e qualificação profissional que pode, ou não, se estender para a etapa de acompanhamento do processo de colocação e adaptação do trabalhador na empresa[32].

Pela letra da Lei, podem as entidades beneficentes atuar na contratação de pessoas com deficiência para prestação de serviços em atividades passíveis de serem terceirizadas nas empresas privadas por meio do instituto da terceirização. Neste caso, a contratação não importará no preenchimento

---

(32) GUGEL, Maria Aparecida. *Pessoas com deficiência e o Direito ao Trabalho*. Reserva de cargos em empresas, emprego apoiado. Santa Catarina: Ed. Obra Jurídica. 2007, p.139.

das cotas, pois a finalidade da Lei não se restringe à garantia de vaga a um emprego, e sim a criar reais condições de igualdade entre o trabalhador com e sem deficiência.

Logo, se as empresas utilizarem-se das entidades beneficentes em atividades passíveis de serem terceirizadas, ou seja, dissociadas das suas atividades fins, os contratos de trabalhado das pessoas com deficiência serão firmados com as entidades beneficentes, prestadoras de serviço, e não com as empresas, tomadoras de serviço.

Contudo, se as empresas procederem à contratação direta, ainda que haja uma qualificação profissional prévia e utilização dos recursos assistivos, estar-se-á cumprindo a ação afirmativa de reserva de vagas.

Ainda dentro da contratação seletiva e dentro do campo de atuação das entidades beneficentes, temos a comercialização de bens e serviços decorrentes de programas de habilitação profissional de adolescente e adulto com deficiência em oficina protegida de produção. As oficinas protegidas de produção funcionam em relação de dependência com entidades beneficentes.

A oficina protegida de produção comercializa bens ou serviços. Destina-se às pessoas com deficiência excluídas do processo produtivo, mas com relativa capacidade de incorporar-se ao mercado de trabalho. Identifica as habilidades e promove a capacitação profissional das pessoas com deficiência em atividades passíveis de serem contratadas.

Gera vínculo de emprego com a empresa, desde que a comercialização seja dos serviços e a carteira de trabalho seja assinada diretamente com a tomadora de serviços[33], quando então servirá o contrato de trabalho firmado para fins do cumprimento das cotas reservadas por Lei.

Por fim, temos a última modalidade de inserção da pessoa com deficiência no trabalho, qual seja a promoção do trabalho por conta própria. Há três modalidades de trabalho: as cooperativas sociais, o regime de economia familiar e o trabalho autônomo. Nenhuma destas modalidades presta ao fim de cumprimento da ação afirmativa.

A Lei 9.867/1999 criou as cooperativas sociais com a finalidade de incluir pessoas em desvantagem, dentre as quais estão as pessoas com deficiência, no mercado de trabalho através do desenvolvimento de atividades comerciais e de serviços.

---

(33) GUGEL, Maria Aparecida. *Pessoas com deficiência e o Direito ao Trabalho*. Reserva de cargos em empresas, emprego apoiado. Santa Catarina: Ed. Obra Jurídica. 2007, p. 150.

Promove igualmente treinamentos voltados à capacitação das pessoas em desvantagem. O regime cooperativo, não obstante componha o regime especial de trabalho protegido (artigo 34 do Decreto), não presta ao preenchimento da cota.

Isso porque não se admite a contratação de seus trabalhadores, sob pena de precarização dos direitos trabalhistas. É permitido comprar seus produtos ou lançar mão da prestação de serviços dos cooperados.

O regime de economia familiar é a atividade em que o trabalho dos membros da família é indispensável à própria subsistência do grupo familiar, e a atividade é desenvolvida por mútua colaboração e dependência, sem a contratação de empregados. Igualmente, por sua natureza, é imprestável para o preenchimento das cotas.

Temos finalmente o trabalho autônomo.

As entidades beneficentes de assistência social intermediam a inserção no trabalho das pessoas com deficiência de forma autônoma, através da comercialização dos bens produzidos em oficina protegida terapêutica.

As oficinas protegidas terapêuticas destinam-se às pessoas com deficiência que, devido ao grau da deficiência, sabe-se de antemão estarem impossibilitadas de exercer atividades laborais no mercado regular ou seletivo de trabalho.

A comercialização de bens é forma de promoção de trabalho na modalidade autônoma, a qual é imprestável para fins de cumprimento da reserva de vagas no setor privado, e não gera vínculo de emprego com as entidades beneficentes.

Destarte, implicam para preenchimento das cotas destinadas às pessoas com deficiência no mercado de trabalho privado as seguintes modalidades de colocação: competitiva; seletiva com adoção de procedimentos e apoios especiais, seletiva com a intermediação das entidades beneficentes quando a contratação se der pelas empresas privadas, seletiva por meio de oficinas protegidas de produção quando a contratação se der pelas empresas privadas.

2.5.2 Definição das empresas

A reserva de cotas tem como parâmetro o tamanho da empresa, tendo em vista que devem reservar cotas as empresas com mais de 100 empregados.

Há um projeto de Lei prevendo a modificação da Lei, diminuindo o número de empregados totais da empresa para fins de reserva de vagas, certamente sensíveis às limitações enfrentadas pelo padrão atual.

Deveras, as empresas de grande porte, conquanto sejam maiores na quantidade de empregados, não o são em maior número no Brasil, cujo setor produtivo em sua maioria é preenchido por empresas de menor porte.

Ademais, estas empresas estão concentradas em regiões definidas no território em dissonância com a proteção das pessoas com deficiência, que estão espargidas por todo o território nacional.

Finalmente, estas empresas são as que exigem maior capacidade profissional frente à concorrência no mercado produtivo.

No nosso intuito de definir empresa para fins de preenchimento das cotas, há de se atentar para não confundir os conceitos de empresa e de estabelecimento.

Na definição de Mauricio Godinho Delgado[34] empresa "é o complexo de bens materiais e imateriais e relações jurídicas que se reúnem como um todo unitário, em função de dinâmica e finalidades econômicas fixadas por seus titulares."

A sociedade empresarial, compreendendo diversas formas, é uma pessoa jurídica de direito privado, assim classificada pelo Código Civil em seu artigo 44, sujeito de direito e obrigações, sendo objeto de direito a empresa, o que permite que esta seja alienada, por exemplo, por arrendamento, venda ou trespasse, dentre outras formas.

Empresa é a unidade econômica de produção. É a organização dos fatores de produção, com vistas ao lucro, compreendendo não só o complexo de bens imateriais, tais como a marca, mas também bens materiais, como o estabelecimento.

Logo, a noção de estabelecimento não se confunde com a noção de empresa. Empresa é uma atividade que visa o lucro. Estabelecimento pode ser definido como uma "unidade particularizada da empresa". É o local em que se exerce a atividade econômica.

Na hipótese da existência de mais de um estabelecimento, contando cada qual com número de CNPJ (Cadastro Nacional de Pessoas Jurídicas), para fins de cálculo de número de empregados a incidir os percentuais

---

(34) DELGADO, Mauricio Godinho. *Curso de Direito do Trabalho*, 7ª Ed. São Paulo: LTr Ed., 2008 p. 398.

legais das cotas, deve-se considerar o total de empregados de todos os estabelecimentos.

Assim, mesmo que possa haver estabelecimento com menos de 100 empregados, se o total de empregados na empresa ultrapassar 100, o estabelecimento está obrigado a observar o regime de cotas.

Isso porque empresa e estabelecimento são conceitos distintos, e o artigo 93 da Lei 8.213/1991 utiliza o conceito de empresa e não de estabelecimento para o cálculo do número de empregados.

Existem empresas que contratam em caráter sazonal, variando durante o ano o número de empregados, tais como as empresas de construção civil. A atividade da empresa é passageira, fugaz, justificando, assim, que ela pactue contratos a prazos preestabelecidos.

Essas também estão obrigadas a contratar pessoas com deficiência pelo sistema de cotas se contratarem mais de 100 empregados, tendo em vista que a Lei utiliza como critério único o número de empregados da empresa.

Contudo, a dificuldade está em como estabelecer o número total de empregados, dada a sazonalidade da contratação e o silêncio da Lei no que tange a critérios para aferição do número de empregados para fins de cumprimento do regime de cotas.

A doutrina[35] aponta como critério a NR 4 da Portaria n. 3.214/1978 do MTE, item 4.6, devendo-se considerar a média aritmética simples do número de trabalhadores nos últimos 12 meses.

Já se falou mais de uma vez que o critério utilizado pela Lei de Cotas é o número de empregados contratados pela empresa. A questão que se coloca é se há empresas eximidas de cumprir a Lei por conta das atividades profissionais exercidas, mormente às ligadas a segurança coletiva.

Argúi-se que determinadas atividades são incompatíveis com a deficiência do trabalhador.

Contudo, este argumento não se sustenta, na medida em que a Constituição Federal determina que no ato da admissão não poderá haver qualquer forma de discriminação às pessoas com deficiência (artigo 7º, XXXI).

---

(35) GUGEL, Maria Aparecida. *Pessoas com deficiência e o Direito ao Trabalho. Reserva de cargos em empresas, emprego apoiado.* Ed. Santa Catarina: Obra Jurídica. 2007, p. 95 Idem GOLDFARB, Cibelle Linero. *Pessoas Portadoras de Deficiência e a Relação de Emprego. O sistema de cotas no Brasil.* Ed. Curitiba ,Juruá: 2007. P. 141.

É certo que os critérios de qualificação profissional, bem como a exigência de habilidades e competências próprias para o exercício da função, não são discriminatórios, pois havendo correlação lógica com a distinção efetuada, atende-se a igualdade.

Porém, pela adoção de técnicas de acessibilidade e adaptação do ambiente de trabalho, em toda a atividade organizacional da empresa franqueia-se o exercício de determinadas funções às pessoas com deficiência.

De modo que o ambiente de trabalho é que deve se moldar ao trabalhador com deficiência que, salvo em caso de impossibilidade, por exemplo, condução de veículo por pessoa cega, não pode sofrer discriminação no processo de contratação.

Ademais, mesmo que algumas atividades não sejam franqueadas às pessoas com deficiência, haja vista a incompatibilidade para tanto, nem todas as atividades dentro da empresa são incompatíveis com a contratação da pessoa com deficiência. Sendo incompatíveis, deve-se provar cabalmente.

Logo, ilustrativamente, as empresas de vigilância podem contratar para aquelas atividades cuja vigilância é feita por monitoramento eletrônico.

Quanto às empresas cujas atividades sejam insalubres ou perigosas, o mesmo raciocínio se aplica, de maneira que não sendo demonstrado cabalmente, seja por perícia ou outro modo equivalente, não deve haver empecilho para a contratação.

O simples entendimento subjetivo do empregador não é suficiente para excluir a empresa da obrigação legal, posto que sendo possível o exercício da profissão e este não agravando a deficiência, é possível contratar pelo sistema de cotas.

Acresce que não é a atividade que inibe a contratação, e sim a falta de adaptação. Nisso a CIPA tem papel fundamental, ou seja, na adaptação da pessoa com deficiência no ambiente de trabalho e na sua função.

Há empresas cujas atividades são transitórias, a exemplo daquelas que funcionam em determinada época (festa junina, páscoa). Estas não estão excluídas do comando da Lei quanto às cotas. O critério legal é o número de empregados.

Finalmente por se tratar de direito fundamental, a responsabilidade não pode ser atribuída somente às empresas, deve haver um empenho conjunto do Estado, da família e da sociedade para a efetivação do direito ao trabalho das pessoas com deficiência, como aduz Katia Regina Cezar[36].

Por parte do Estado, por exemplo, com a inclusão através de uma boa formação escolar, possibilitando seu ingresso no mercado de trabalho.

Por parte da família, representante ou curador, com o estímulo de sua independência e autonomia, gerando cidadania e dignidade.

Por parte dos entes sindicais da categoria profissional, com a negociação e a reinvidicação de medidas inclusivas em prol da melhoria das condições de trabalho das pessoas com deficiência.

Por parte do Ministério do Trabalho e Emprego, Ministério Público e da Justiça, com a aprovação de programas verdadeiramente inclusivos.

2.5.3 Peculiaridades do contrato de trabalho

Vamos traçar algumas características importantes da Lei de Cotas.

A Lei 8.213/1991 em seu artigo 93, após prever a reserva de vagas para as pessoas com deficiência ou beneficiários reabilitados, cria um mecanismo de suma relevância para manutenção destas vagas no § 1º do artigo mencionado.

É a redação da Lei:

"§ 1º A dispensa de trabalhador reabilitado ou de deficiente habilitado ao final de contrato por prazo determinado de mais de 90 (noventa) dias, e a imotivada, no contrato por prazo indeterminado, só poderá ocorrer após a contratação de substituto de condição semelhante."

Trata-se de dispositivo que condiciona a dispensa do empregado com deficiência à contratação de outro empregado com deficiência, conquanto não seja unânime este entendimento.

Com efeito, Glaucia Gomes Vergara[37] defende que a intenção do legislador não foi estipular uma estabilidade provisória social sem prazo certo, e sim obrigar o empregador vinculado ao sistema de cotas que permaneça neste regime com a observância do número de cotas.

---

(36) CEZAR, Kátia Regina. *Pessoas com Deficiência Intelectual Inclusão Trabalhista Lei de Cotas*. São Paulo: LTr, 2012. p. 55 e 56
(37) LOPES, Glaucia Gomes Vergara. A inserção do portador de deficiência no mercado de trabalho: a efetividade das leis brasileiras. São Paulo: LTr Ed., agosto de 2005, p.63/64

Para a autora não cabe a reintegração no caso de dispensa sem justa causa seguida de nova contratação, pois há outros mecanismos que suprem a omissão do empregador e o conseguinte não preenchimento das cotas, quais sejam, multas sem prejuízo das penalidades administrativas.

A multa administrativa por descumprimento da Lei de Cotas está na Portaria n. 1.199/2003 do Ministério do Trabalho e Emprego, que regulamenta o artigo 133 da Lei n. 8.213/1991.

Pensamos de maneira diversa. Pela interpretação da norma, há uma garantia de emprego sem prazo, de modo que não pode haver demissão sem justa causa da pessoa com deficiência ou acidentado reabilitado enquanto o percentual estipulado não for preenchido por outro trabalhador em igual condição.

Não se trata de estabilidade, temos sim uma garantia de emprego. Garantia de emprego "é a vantagem jurídica de caráter transitório deferida ao empregado em virtude de uma circunstância contratual ou pessoal obreira de caráter especial, de modo a assegurar a manutenção do vínculo empregatício por um lapso temporal definido, independente da vontade do empregador."[38].

Ora, o empregador não está impedido de exercer seu direito de demitir, porém a única limitação é a contratação de outro empregado em igual condição, com deficiência ou acidentado reabilitado, para substituir aquele a ser demitido.

Tem-se na verdade uma garantia de emprego sem prazo ou até a contratação do outro empregado em condições similares.

A norma que reserva percentual nas empresas para as pessoas reabilitadas e com deficiência é de ordem pública, logo, interfere no direito potestativo do empregador de demitir quando entender necessário.

Assim, exceto demissão por justa causa, o empregado com deficiência ou acidentado reabilitado não pode ser demitido, salvo se houver número superior de contratados pelo sistema de cotas, ou quando houver pessoa a ser contratada em situação semelhante. Esta semelhança não implica mesma deficiência, e sim as diversas previstas em Lei (visual, menta, física, entre outras).

Não presentes estas condições, deve haver a reintegração da pessoa demitida, com pagamento dos salários devidos durante o período de afastamento.

Embora consista em uma garantia especial no emprego, a finalidade da Lei a isto não se limita. Trata-se, na verdade, de um mecanismo para manutenção permanente da reserva legal, dirigido às pessoas com deficiência consideradas de forma coletiva e não individualizadas.

---

(38) DELGADO, Mauricio Godinho. *Curso de Direito do Trabalho.* 7ª Ed. 2008. São Paulo: LTr Ed., P.1.250.

Por sua vez, após aderir ao sistema de cotas, a classe patronal não está impossibilitada de deixá-lo.

É irrazoável que a empresa, necessitando reduzir seu quadro de funcionários de forma que altere o enquadramento na forma do artigo 93 da Lei 8.213/1991, seja multada por demitir pessoas com deficiência sem contratação de outras.

Veda-se a demissão arbitrária, não a que importe a redução do quadro de empregados na empresa.

Quanto ao momento da contratação, este deve se dar paulatinamente, ou seja, não é necessário demitir funcionários sem deficiência para contratar pessoas com deficiência. Basta que, ao abrir a vaga, seja dada ampla publicidade para contratação de pessoas com deficiência. Assim pensa Cibelle Linero Goldfarb[39].

Nesse sentido, a Ordem de Serviço Conjunta INSS/DAF/DSS n. 90 de 27 de outubro de 1998 no item 6.2 determina que não implica descumprimento ao regime de cotas formulado no artigo 93 da Lei 8.213/1991 quando o quadro de funcionários da empresa estiver preenchido sem, no entanto, atender o percentual de reserva de vagas, devendo a empresa gradativamente preencher o percentual na medida em que surjam as vagas.

Este dispositivo serve como proteção ao empregador, no sentido de desobrigá-lo a criar vagas para preencher as cotas em prejuízo do empregado sem deficiência, o qual ficaria em situação de desemprego.

Mas algumas condutas denotam que a alegação do empregador não condiz com a verdade, como a submissão do empregado ao regime constante de horas extras, a contratação de mão de obra terceirizada, dentre outras.

Verificou-se que as empresas com mais de 100 empregados devem aplicar percentual na seguinte proporção: de 100 a 200 – 2%; de 201 a 500 – 3%; de 501 a 1.000 – 4%%; e de 1001 em diante – 5%.

Se ao aplicar o percentual este resultar em número fracionado, deve-seproceder ao arredondamento para o número inteiro subsequente, nos termos do artigo 37, §2º do Decreto 3.298/1999, por analogia, que versa sobre fracionamento de vagas em concurso público.

---

(39) GOLDFARB, Cibelle Linero. *Pessoas Portadoras de Deficiência e a Relação de Emprego*. O sistema de cotas no Brasil. Curitiba: Ed. Juruá, 2007. p. 137

Pode compor este percentual o empregado acidentado reabilitado. Porém, se este posteriormente tornar-se apto ao trabalho, recuperando integralmente sua capacidade laboral, não deve seu contrato de trabalho ser computado na reserva legal.

Por sua vez, os empregados cujos contratos de trabalho encontram-se suspensos por gozo de auxílio doença ou por invalidez são considerados licenciados da empresa, e para fins de cômputo do número de empregados da empresa, estes não são considerados.

Quanto ao contrato de trabalho em vigor firmado com as pessoas com deficiênicia, embora a regra vigente seja pela sua inalterabilidade, entende Cibelle Linero Goldfarb[40] face às peculiaridades das pessoas com deficiência, caso não se adéquem ao trabalho podem ser remanejadas para outra função que não importe, ressalte-se, rebaixamento ou redução de salário, a pedido também do trabalhador com deficiência.

Em vista das enormes dificuldades de acessibilidade que enfrentam os trabalhadores com deficiência, conquanto os privem do convívio social, o desempenho do trabalho no domicílio é solução prática, econômica e facilitadora da contratação, pois o trabalhador terá mais liberdade e autonomia, e o empregador, mais economia.

Finalmente, como último tema a ser tratado, temos o benefício da prestação continuada. Previsto no artigo 203, V da Constituição Federal e regulamentado pela Lei n. 8.742/1993, trata-se de um benefício constituído de um salário mínimo para os idosos (maiores de 70 anos), ou pessoas com deficiência incapazes para vida independente e para o trabalho, cuja renda familiar não ultrapasse ¼ do salário mínimo per capita.

Como aliado da inclusão, a Lei n. 12.470/2011 que deu nova redação ao § 4º do artigo 21 da Lei 8.742/1993 determina que há uma mera suspensão no percebimento do benefício quando o beneficiário consegue um emprego.

Isto implica dizer que, uma vez desempregado, não há necessidade do processo de requerimento e avaliação da deficiência e do grau de impedimento para que a pessoa com deficiência volte a receber o benefício.

Esses avanços legislativos acabam por promover o ingresso no mercado de trabalho das pessoas com deficiência, pois elas temiam perder o benefício com a conquista de um emprego.

É certo que, uma vez obtido o benefício, este é temporário posto que devem ser desenvolvidas atividades inclusivas, como cursos de profissionalização, de alfabetização, com vistas a promover a independência destes cidadãos.

---

(40) Ob. Cit. p. 160

Este dispositivo acaba por afastar o dilema emprego *versus* benefício; fomenta a inclusão destas pessoas no mercado de trabalho, haja vista que outrora o medo impedia a pessoa com deficiência de aventurar-se na busca por um emprego.

2.5.4 Atuação do Ministério Público do Trabalho

Como último tópico do presente capítulo, vamos analisar a forma de fiscalização e efetivação do regime de reserva de vagas por meio de cotas no setor privado.

Para efetivação da Lei de Cotas, ensina-nos Glaucia Gomes Vergara[41], que os Estados federados por suas Secretarias, as instituições (por exemplo, o Instituto Brasileiro de Defesa dos Direitos das Pessoas Portadoras de Deficiência), e até mesmo o INSS possuem bancos de dados sobre pessoas habilitadas para trabalhar, subsídio para contratação de pessoas com deficiência.

A pessoa com deficiência pode recorrer a estes órgãos para intermediar a contratação, com base nos cadastro de pessoas com deficiência aptas para o trabalho.

Com base nos cadastros do Ministério do Trabalho e Emprego, as empresas com mais de 100 empregados são fiscalizadas para que se possa aferir se estão cumprindo a Lei de Cotas. O Auditor Fiscal do Trabalho, munido de credencial, tem o direito de ingressar, livremente, sem prévio aviso e em qualquer dia e horário, em todos os locais de trabalho da empresa.

Observe-se que a fiscalização pode dar-se de forma indireta por meio de notificações às empresas para que apresentem documentos nas unidades descentralizadas do Ministério do Trabalho e Emprego.

Na hipótese de descumprimento da legislação, inicia-se o procedimento especial, previsto no artigo 627-A da CLT, cujo objetivo é o cumprimento das Leis de proteção ao trabalho.

O procedimento especial para a ação fiscal inicia-se com a notificação, pela chefia da fiscalização, para que as pessoas sujeitas compareçam à inspeção do trabalho, à sede da unidade descentralizada do Ministério do Trabalho e Emprego.

---

(41) LOPES, Glaucia Gomes Vergara. *A inserção do portador de deficiência no mercado de trabalho*: a efetividade das leis brasileiras. São Paulo: LTr Ed., agosto de 2005. p. 106 a 109

O procedimento especial para a ação fiscal destinado à prevenção ou saneamento de infrações à legislação poderá resultar na lavratura de termo de compromisso que estipule as obrigações assumidas pelo compromissado e os prazos para seu cumprimento.

Durante o prazo fixado no termo, o compromissado poderá ser fiscalizado para verificação de seu cumprimento, sem prejuízo da ação fiscal em atributos não contemplados no referido termo.

Quando o procedimento especial para a ação fiscal for frustrado pelo não atendimento da convocação, pela recusa de firmar termo de compromisso ou pelo descumprimento de qualquer cláusula compromissada, serão lavrados, de imediato, os respectivos autos de infração, e o relatório circunstanciado poderá ser encaminhando ao Ministério Público do Trabalho.

O Ministério Público assim promove um procedimento investigatório, instaurando inquérito civil, que tentará conciliação mediante um Termo de Ajustamento de Conduta sob pena de multa a ser revertida para o Fundo de Amparo ao Trabalhador.

O Ministério Público do Trabalho propõe termo de ajuste de conduta que, se aceito e não cumprido ou se não aceito, leva ao ingresso de Ação Civil Pública, na seara do Judiciário, com pedido de obrigação de fazer, contratar, sob pena de multa diária a ser revertida para o Fundo de Amparo ao Trabalhador.

Frise-se que a legitimidade para promover a Ação Civil Pública estende-se à associação constituída há mais de um ano, cuja finalidade seja a proteção das pessoas com deficiência, nos termos do artigo 5º da Lei n. 7.347/1985, quando então o Ministério Público atuará fiscalizando o processo, podendo assumir no caso de desistência infundada.

Nada impede que qualquer pessoa faça denúncia de irregularidade diretamente ao Ministério Público do Trabalho, que poderá instaurar inquérito civil ou requisitar documentos, fixando prazo.

Com o advento da Portaria n. 1.199/2003 do Ministério do Trabalho e Emprego, que regulamenta a multa prevista no artigo 133 da Lei 8.213/1991, podem os auditores do trabalho aplicar multas como forma de pressão para o cumprimento da Lei, nos termos do artigo 2º da Portaria.

CAPÍTULO 3

LEI DOS APRENDIZES

Visto que a norma da reserva de cargos é de natureza pública, é certo que esta norma deve ser cumprida imediatamente ao surgimento ou desocupação de vaga.

Contudo, a falta de qualificação das pessoas com deficiência é apontada pelas empresas obrigadas como principal obstáculo para o cumprimento das cotas.

O Estado tem o dever de promover a educação profissional, mas a carência de pessoas com deficiência qualificadas é o reflexo desta ausência estatal.

Como medida legal, criou-se a possibilidade de qualificar as pessoas com deficiência através da aprendizagem. Assunto ao qual nos debruçaremos agora.

3.1 Disposições Gerais de Proteção do Trabalho do Menor

3.1.1 Espécies de trabalho lícito

A Constituição Federal de 1988 tratou do trabalho do menor no inciso XXXIII, de acordo com a redação da emenda constitucional n. 20 de 1998, assim dispondo:

"Art. 7º São direitos dos trabalhadores urbanos e rurais, além de outros que visem à melhoria de sua condição social: (...)

XXXIII - proibição de trabalho noturno, perigoso ou insalubre a menores de dezoito e de qualquer trabalho a menores de dezesseis anos, salvo na condição de aprendiz, a partir de quatorze anos."

Percebe-se que a maioridade civil (artigo 5º do Código Civil) coincide com a maioridade trabalhista, 18 anos, quando então o trabalhador passará a ter plena capacidade trabalhista. Considera-se menor para o Direito do Trabalho o trabalhador entre 14 e 18 anos.[42]

Mas como assevera Sérgio Pinto Martins[43], "O menor não é incapaz de trabalhar ou não está incapacitado para os atos da vida trabalhista; apenas a legislação dispensa-lhe uma proteção especial."

A Consolidação das Leis do Trabalho em seu Título III, Capítulo IV cuidou do trabalho do menor. Menor empregado, nos moldes do inciso XXXIII da Constituição Federal está conceituado no artigo 3º da Consolidação que assim reza:

"Art. 3º - Considera-se empregado toda pessoa física que prestar serviços de natureza não eventual a empregador, sob a dependência deste e mediante salário."

Ou seja, aquele que presta serviço subordinado, habitualmente para a mesma fonte, mediante remuneração, sob direção do empregador e com pessoalidade.

Estas normas são imperativas e, portanto, insuscetíveis de renúncia pelas partes.

Antes de adentrar na proteção legal aos menores, cumpre frisar que há algumas modalidades de atividade que, conquanto remuneradas, não se subsumem à categoria emprego.

Amauri Mascaro Nascimento[44] aponta algumas formas de trabalho que não geram vínculo de emprego, porém, que são lícitas, pois estão previstas em Lei.

A primeira é o trabalho socioeducativo com previsão no artigo 68 do Estatuto da Criança e do Adolescente que visa capacitar o menor para uma atividade remunerada, cujo caráter de desenvolvimento pessoal e social sobrepuja o produtivo e não cria relação de emprego.

A outra figura é o trabalho familiar, disciplinado no artigo 402, parágrafo único, da Consolidação das Leis do Trabalho que, uma vez desenvolvidos em oficinas onde trabalham pessoas da família sob a direção de pai, mãe ou tutor, não configuram relação de emprego, haja vista tratar-se de cooperação familiar.

---

(42) BARROS, Alice Monteiro de. *Curso de Direito do Trabalho*. 6ª Ed. 2010. São Paulo: LTr Ed.. p. 558.
(43) MARTINS, Sérgio Pinto. *Direito do Trabalho*. 25ª Ed. 2009. São Paulo: Ed. Atlas. p. 604
(44) NASCIMENTO, Amauri Mascaro. *Curso de Direito do Trabalho*. 25ª Edição, São Paulo. Ed. Saraiva 2010. p. 884/888

Ressalve-se que, no trabalho familiar, as vedações de trabalho insalubre ou perigoso, noturno ou em locais prejudiciais à moralidade, bem como atividades que exijam força muscular acima da permitida legalmente, são aplicáveis.

Temos ainda o menor jornaleiro, regulado no § 4º do artigo 405 da Consolidação das Leis do Trabalho. Trata-se de trabalho desenvolvido em ruas, praças ou outros logradouros públicos, sob assistência de instituição destinada ao amparo do menor jornaleiro e mediante aprovação do Juízo da Infância e Juventude. É o caso da patrulha-mirim.

Esse trabalho não pode ser prejudicial à formação moral do menor sob pena de ser ilegal. Ainda, sendo este trabalho prestado para fins econômicos e lucrativos, e não assistencialistas ou socioeducativos, gera vínculo de emprego, desde que seja atendida a Constituição quanto à idade mínima de 16 anos.

O Juízo da Infância e Juventude pode autorizar ainda trabalhos realizados em teatros, cinemas, em empresas circenses, em funções de acrobata, saltimbanco, ginasta e outras semelhantes, desde que a representação tenha fim educativo ou a peça de que participe não possa ser prejudicial à sua formação moral, e desde que se certifique ser a ocupação do menor indispensável à própria subsistência ou à de seus pais, avós ou irmãos e de que não advém nenhum prejuízo à sua formação moral.

Finalmente, temos a figura do menor bolsista, com previsão no Estatuto da Criança e do Adolescente, o qual recebe bolsa, e não salário (artigo 64).

Frise-se que a CLT veda ao menor de 18 anos o trabalho noturno; além disso, o trabalho realizado pelos menores não pode ser prejudicial à sua formação física, psíquica, moral e social, tampouco pode prejudicar sua frequência à escola.

3.1.2 O menor empregado

O trabalho do menor na Antiguidade era adstrito ao âmbito familiar, e a aprendizagem era a característica básica.

Já na Idade Média, nas corporações de ofício, o menor aprendiz realizava atividades produtivas gratuitamente, sob a supervisão do mestre ou companheiro, que lhe ensinava o ofício mediante pagamento de uma quantia pela família do aprendiz. Ao final, era-lhe conferido o título de companheiro.

A Revolução Industrial substituiu o sistema corporativo e passou a empregar os menores em larga escala, contudo, em condições precárias.

Devido a estas mesmas condições precárias às quais os menores sujeitavam-se, surgiu na Europa a preocupação com a proteção do trabalho realizado por estes menores.

Nesse sentido, em 1802 na Inglaterra, o *Moral and Health Act* (Ato de Moral e Saúde, tradução livre), expedido por Robert Pel, foi apontado como a primeira medida de proteção do trabalho dos menores vinculados à indústria de lã e algodão.

Seguiram-se diversos dispositivos protetivos. No Brasil, a preocupação com os menores data de 1890 com o Decreto n. 1.313 que estabelecia normas gerais que nunca foram regulamentadas.

As Constituições Federais trataram do assunto.

Assim, a Carta de 1934, a par de vedar a diferença de salário com base na idade, proibia o trabalho de menores de 14 anos, o trabalho noturno aos menores de 16 anos e o trabalho em indústrias insalubres aos menores de 18 anos.

Esta fórmula foi seguida pela Constituição de 1937.

A Constituição de 1946 repetiu os termos das demais, mas inovou ao vedar trabalho noturno e em indústrias insalubres aos menores de 18 anos.

A Constituição de 1967 alterou a idade mínima de trabalho de 14 anos para 12 anos, mantendo a proibição do trabalho em indústrias insalubres e noturno aos menores de 18 anos.

A emenda constitucional n. 1 de 1969 manteve a idade mínima de 12 anos, mantendo a vedação do trabalho em indústrias insalubres e noturno aos menores.

A Constituição de 1988, antes da emenda constitucional n. 20/1998, proibia a distinção de salários, critérios de admissão e exercício de funções em razão da idade. Além disso, vedava o trabalho insalubre, perigoso e noturno aos menores de 18 anos, e qualquer trabalho aos menores de 14 anos, salvo na condição de aprendiz, o qual poderia ser realizado pelos menores a partir dos 12 anos de idade.

Após a emenda n. 20/1998, a idade mínima para o menor trabalhar passou a ser 16 anos, salvo na condição de aprendiz a partir dos 14 anos.

O limite de idade se aplica tanto ao trabalhador urbano como ao rural, aplicando-se também ao empregado doméstico de acordo com a nova redação dada ao artigo 7º parágrafo único pela Emenda Constitucional n. 72 de 2013.

Como resultado da ausência de sua capacidade plena para o trabalho, o menor de 18 anos depende de autorização do responsável legal para firmar contrato de trabalho, como entende a jurisprudência, sendo que apresentação da CTPS (Carteira de Trabalho e Previdência Social) prova da existência de tal autorização, porquanto na expedição da CTPS é necessária a declaração do responsável (artigo 17, §1º da CLT).

Embora necessite de outorga dos responsáveis para trabalhar, na forma supraindicada, o menor pode firmar recibo de pagamento, nos termos do artigo 439 da Consolidação das Leis do Trabalho, independente de assistência do responsável. O mesmo não se aplica quando da assinatura do recibo de verbas rescisórias, a qual exige a assistência de seus responsáveis legais.

Conquanto seja necessária a assistência do responsável legal para assinar recibo de verbas rescisórias, os responsáveis não poderão tomar a iniciativa do distrato, exceto se o trabalho desenvolvido causar prejuízos de ordem física ou moral (artigo 408 da CLT).

Quanto às atividades laborais a serem desenvolvidas, há restrições legais que se cingem a quatro fundamentos de proteção: cultural, moral, fisiológico e segurança, como afirma Sérgio Pinto Martins[45].

Cultural: o menor deve receber instrução, estudar. Moral: proíbe o trabalho do menor em locais que lhe prejudiquem a moralidade. Fisiológico: o menor não deve trabalhar à noite, em locais insalubres, penosos e perigosos ou ainda em horas excessivas. Segurança: diz respeito às normas de proteção que evitem acidentes de trabalho.

Neste sentido, a Constituição, além de limitar a idade de trabalho, proíbe o trabalho noturno, pois como é cediço, à noite realiza-se o descanso. Ademais, na maioria das vezes o menor que trabalha reserva a noite para frequentar as aulas.

A Constituição veda igualmente o trabalho insalubre, assim entendido aquele em que há o uso de agentes químicos, físicos ou biológicos prejudiciais à saúde.

Justifica-se a restrição porque o organismo do menor está em desenvolvimento e não reage de forma igual ao de uma pessoa adulta.

---

(45) MARTINS, Sérgio Pinto. Direito do Trabalho. 25ª Ed. São Paulo: Ed. Atlas, 2009. p. 605

A Constituição proíbe ainda os trabalhos perigosos, sendo que o uso dos equipamentos de proteção individual não tem o condão de permitir o trabalho dos menores em atividades insalubres ou perigosas[46].

O trabalho penoso, conquanto não esteja restringido na Constituição, o foi pelo Estatuto da Criança e do Adolescente (Lei n. 8.069/1990) em seu artigo 67, II, suprindo a omissão do constituinte.

Ainda, conjugando-se o artigo 390 com o §5º do artigo 405 da Consolidação das Leis do Trabalho, o emprego de menores em atividades cujo esforço muscular necessário ultrapasse 20 quilos em atividades contínuas e 25 quilos para o trabalho ocasional é vedado.

Mais uma vez, a justificativa está na condição de desenvolvimento do menor, em específico sua estrutura óssea.

Proíbe-se, nos termos do parágrafo único do artigo 405, II da CLT, o trabalho em locais prejudiciais à sua moralidade, assim entendido (artigo 405, §3º), dentre outros locais: estabelecimentos de venda a varejo de bebidas alcoólicas; teatros de revista, boates, cinemas, cabarés, dentre outros, com a ressalva do artigo 406 caput.

Importante restrição, com vistas à proteção do menor, é o exercício da profissão nas ruas, praças e outros logradouros públicos, haja vista serem ambientes que favorecem o contato com elementos perniciosos.

Esta última proibição pode ser suprida por autorização judicial quando o trabalho é desenvolvido com assistência da instituição destinada ao amparo do menor jornaleiro e seja indispensável à subsistência do menor e de seus familiares.

Ao menor é assegurado o salário mínimo ou o salário profissional, ressalvado o direito da livre pactuação, sendo abrangidos também pelos reajustamentos salariais coletivos.

Quanto à jornada de trabalho, o empregador é obrigado a conceder ao menor tempo necessário para frequentar as aulas (artigo 427 da CLT).

No mais, a jornada é igual a do trabalhador adulto, qual seja oito horas diárias e 44 semanais, vedadas, porém, as horas extras, salvo o sistema de compensação de horas semanal fixado em norma coletiva, vedada a jornada superior a 48 horas semanais, ou, em caso de força maior, até o limite de 12 horas diárias (artigo 413, I e II da CLT).

---

(46) BARROS, Alice Monteiro de. *Curso de Direito do Trabalho*. 6ª Ed. São Paulo, LTr Ed., 2010. p. 562

As férias devem ser concedidas de uma só vez e devem coincidir com as férias escolares se o trabalhador menor for estudante. No mais, as prescrições legais dos trabalhadores adultos devem ser seguidas.

3.2 Conceito de Aprendizagem

A Consolidação das Leis do Trabalho, em seu artigo 428, conceitua aprendizagem como o contrato de trabalho especial, ajustado por escrito e por prazo determinado, em que o empregador se compromete a assegurar ao maior de 14 (quatorze) e menor de 24 (vinte e quatro) anos inscrito em programa de aprendizagem formação técnico-profissional metódica, compatível com o seu desenvolvimento físico, moral e psicológico, e o aprendiz, a executar com zelo e diligência as tarefas necessárias a essa formação.

O empregador, ao contratar trabalhador aprendiz, se obriga não só ao pagamento dos salários, mas a ensiná-lo uma profissão.

Gera vínculo de emprego, mas este é apenas o meio pelo qual o menor realiza seu objetivo, que é o de obter a formação técnico-profissional metódica, compatível com o desenvolvimento físico, moral e psicológico.

Em suma, a aprendizagem é um processo de formação técnico-profissional, sem prejuízo da formação escolar do menor, cujo objetivo é a qualificação para obtenção futura de um emprego. Composta de uma mescla entre transmissão de ensinamentos metódicos especializados e atividade prática no próprio mister.

3.3 Natureza Jurídica da Aprendizagem

Para Amauri Mascaro Nascimento[47], os contratos de formação profissional não deveriam ser considerados como contratos de emprego.

O autor fundamenta seu entendimento no fato de que as empresas devem arcar com os ônus da estrutura da qualificação e da orientação profissional, remunerar os que aprendem a profissão e, finalmente, os produtos ou serviços produzidos por vezes não guardarão a perfeição daqueles produzidos pelos funcionários já qualificados.

---

(47) NASCIMENTO, Amauri Mascaro. *Curso de Direito do Trabalho*. 25ª Ed. São Paulo: Ed. Saraiva, 2010. p. 948.

Assim, para o referido jurista, é contraditória a política brasileira de formação de jovens para o mercado de trabalho, porquanto há duplicidade de ônus para o empregador: formar o profissional e pagar a este os mesmos encargos do profissional já formado.

Uma vez que a qualificação profissional visa à facilitação do ingresso no emprego, bem como o combate à precarização do trabalho, a qualificação profissional é um direito-dever.

Direito, pois a empresa deve proporcionar meios para que se efetive a qualificação, e dever do trabalhador em se empenhar para aumentar seus conhecimentos e se aperfeiçoar.

A aprendizagem no Brasil é contrato de formação profissional ao lado do estágio, porém, a aprendizagem é um contrato especial de trabalho ajustado por escrito e por prazo determinado, devendo o empregado ser registrado desde o primeiro dia de trabalho, embora haja ao mesmo tempo caráter discente.

É contrato de emprego, porquanto a Constituição Federal determina que a admissão de menor a partir dos 14 anos como trabalhador somente se dará por meio de contrato de aprendizagem.

Ressalve-se que há duas modalidades de aprendizagem: a que gera vínculo de emprego e a que não gera vínculo de emprego, assunto a ser tratado mais adiante.

3.4 Requisitos da Aprendizagem

Como primeiro requisito da aprendizagem temos a idade. O aprendiz trabalhador deverá ser maior de 14 e menor de 24 anos, conforme redação do *caput* do artigo 428 da CLT.

Exceção é feita para as pessoas com deficiência, cuja idade limite máxima não existe, e cuja idade limite mínima é de 14 anos.

Contudo, faz-se exigência legal para o aprendiz com deficiência com 18 (dezoito) anos ou mais, qual seja a validade do contrato de aprendizagem pressupõe anotação na Carteira de Trabalho e Previdência Social e matrícula e frequência em programa de aprendizagem desenvolvido sob orientação de entidade qualificada em formação técnico-profissional metódica.

De outro lado desta relação jurídica laboral estão as empresas. As empresas obrigadas a contratar são aquelas cujos estabelecimentos de qualquer natureza, ou seja, comercial, industrial, bancária, de serviços, entre outras, demandem formação técnico-profissional.

A definição das funções que demandam formação profissional objeto da aprendizagem deve obedecer a Classificação Brasileira de Ocupações (CBO) elaborada pelo Ministério do Trabalho e Emprego nos termos do artigo 10 do Decreto 5.598/2005 que regulamenta a contratação de aprendizes.

Deverão ser incluídas na base de cálculo todas as funções que demandem formação profissional, independentemente de serem proibidas para menores de 18 anos.

O parágrafo 1º do artigo 10 do referido Decreto exclui da definição de funções aquelas que demandem, para o seu exercício, habilitação profissional de nível técnico ou superior ou, ainda, as funções que estejam caracterizadas como cargos de direção, de gerência ou de confiança, nos termos do inciso II e do parágrafo único do artigo 62 e do § 2º do artigo 224 da CLT.

Ainda, a Portaria n. 723/2012 do MTE, dando cumprimento ao Decreto 5.598/2005, estabelece no artigo 8º que os programas de aprendizagem devem ser elaborados em conformidade com o Catálogo Nacional de Programas de Aprendizagem Profissional – CONAP, publicado na página eletrônica do Ministério do Trabalho e Emprego. Cabe à Secretaria de Políticas Públicas de Emprego do Ministério do Trabalho e Emprego revisar este catálogo e mantê-lo atualizado.

Cumpre frisar que, embora na definição das funções que demandam formação profissional objeto da aprendizagem excluam-se as funções que demandem, para o seu exercício, habilitação profissional de nível técnico ou superior, o Catálogo Nacional de Programas de Aprendizagem Profissional – CONAP, publicado na página eletrônica do Ministério do Trabalho e Emprego e criado pela Portaria MTE n. 723/2012, traz a possibilidade da aprendizagem profissional em nível técnico médio, consoante Resolução n. 3 de 9/07/2008 da Câmara de Educação Básica do Conselho Nacional de Educação.

Trata-se de uma inconsistência jurídica na medida em que a Portaria contraria o Decreto 5.598/2005, o que é vedado, pois a Portaria é norma de hierarquia inferior ao Decreto Regulamentar, como já decidiu o Supremo Tribunal Federal (ADI 1388 MC/DF, j. 19/12/1995, Rel. Min. Neri da Silveira).

Isso porque o Decreto não considera, para fins de base de cálculo do percentual de aprendizes a serem contratados, as atividades de nível técnico, assim definido na Lei de Diretrizes e Bases da Educação nos seus artigos 36-A à 36-D.

Ficam excluídos também da base de cálculo os empregados que executem os serviços prestados sob o regime de trabalho temporário, instituído pela Lei n. 6.019, de 3 de janeiro de 1973, bem como os aprendizes já contratados.

Pela redação do artigo 429 da CLT, as empresas devem empregar no mínimo 5% do total de trabalhadores cujas atividades exijam formação profissional, em cada estabelecimento, sob pena de multa. O máximo de aprendizes por estabelecimento é de 15%.

As frações de unidade no cálculo da porcentagem darão lugar à admissão de um aprendiz, nos termos do artigo 429, §1º da CLT.

O Decreto 5.598/2005, em seu artigo 9º § 2º, define estabelecimento como todo complexo de bens organizado para o exercício de atividade econômica ou social do empregador, que se submeta ao regime da CLT.

As microempresas e empresas de pequeno porte estão dispensadas de empregar e matricular seus aprendizes nos cursos dos Serviços Nacionais de Aprendizagem, nos termos da Lei complementar n. 123/2006. Estão dispensadas, igualmente, as entidades sem fins lucrativos que tenham por objetivo a educação profissional.

O contrato de aprendizagem pressupõe a observância da forma escrita, sendo também exigível a anotação na Carteira de Trabalho e Previdência Social, inscrição em programa de aprendizagem e a frequência do aluno na escola, caso não tenha concluído o ensino médio.

O aluno que tenha concluído o ensino fundamental pode ser dispensado de frequentar o ensino médio se na localidade inexistir escola.

Esses requisitos devem estar todos presentes e a sua inobservância pelo empregador, mormente a inscrição do aprendiz em programa de aprendizagem, tem o condão de alterar a natureza do contrato de trabalho, que deixará de ser de aprendizagem e passará a formar vínculo empregatício com a empresa.

O contrato tem prazo determinado de dois anos, exceto para as pessoas com deficiência, consoante § 3º do artigo 428 da CLT. Ultrapassado este prazo, o contrato de trabalho passa a viger como um contrato comum por prazo indeterminado.

Quanto à jornada de trabalho, esta será de seis horas, sendo vedadas a compensação e a prorrogação da jornada. Contudo, a jornada pode se estender para oito horas, desde que o aprendiz tenha concluído o ensino fundamental e se nelas forem computadas as horas destinadas à aprendizagem teórica (artigo 432 e § 1º da CLT).

Comentando o dispositivo mencionado, Sérgio Pinto Martins[48] menciona que em hipótese alguma deverá haver jornada extraordinária, seja até por motivo de força maior, mas uma vez esta existindo, para evitar o enriquecimento ilícito do empregador, deve ser paga com acréscimo de 50%.

A finalidade da Lei foi a de permitir a conclusão do ensino fundamental. Para Alice Monteiro de Barros[49], este dispositivo vem sendo considerado inconstitucional, seja por ferir a isonomia com tratamento distinto a trabalhadores em mesma condição por critério etário, seja por desmerecer a importância do ensino secundário.

Pensamos que a distinção é oportuna, pois um dos fundamentos de proteção do trabalho do menor é de proporcionar-lhe educação. Tanto isto é verdade que o artigo 427 da CLT obriga o empregador a conceder-lhe tempo para frequentar as aulas.

O ensino fundamental é a porta de entrada para a formação da pessoa sendo-lhe, portanto, deferido tratamento especial, como se verifica no §7º do artigo 428, quando condiciona a ausência no ensino regular do aprendiz à conclusão do ensino fundamental.

Conforme artigo 18, §2º do Decreto n. 5.598/2005 que regulamenta a atividade de aprendizagem, a jornada inferior a 25 horas semanais do aprendiz não configura trabalho a tempo parcial previsto no artigo 58-A da CLT. Sendo que na jornada diária estão computados os períodos destinados às atividades teóricas e práticas, cabe à entidade qualificada em formação técnico-profissional metódica fixá-las no plano do curso (artigo 20 do Decreto 5.598/2005).

Quanto à remuneração, salvo condição mais favorável, ao aprendiz é garantido o salário mínimo/hora (§ 2º do artigo 428 da CLT).

Os empregadores estão obrigados a depositar mensalmente, em conta bancária vinculada do FGTS (Fundo de Garantia do Tempo de Serviço), 2% da remuneração paga ou devida no mês anterior para cada menor aprendiz.

É assegurado ao aprendiz o direito ao benefício do vale-transporte, (artigo 27 do Decreto 5.598/2005).

Quanto às restrições do contrato do menor aprendiz, estas são as mesmas atribuídas aos menores, conforme parágrafo único do artigo 403 da CLT, ou seja, locais prejudiciais à sua formação, ao seu desenvolvimento físico, psíquico, moral e social, bem como em horários que o impeça de frequentar a escola.

---

(48) Ob. Cit. p. 617.
(49) Ob. Cit. p. 576

É certo que, embora a contratação de aprendiz deva priorizar o menor entre 14 e 18 anos (artigo 11 do Decreto n. 5.598/2005), algumas atividades ficam obstadas aos aprendizes menores.

Assim, temos as atividades práticas da aprendizagem que ocorrerem no interior do estabelecimento, sujeitando os aprendizes à insalubridade ou à periculosidade, sem que se possa elidir o risco ou realizá-las integralmente em ambiente simulado.

Ainda, para o desempenho das atividades práticas, a Lei exige licença ou autorização vedada para pessoas com idade inferior a 18 anos.

Temos outrossim as atividades cuja natureza das atividades práticas forem incompatíveis com o desenvolvimento físico, psicológico e moral dos adolescentes aprendizes.

E, finalmente, o trabalho noturno.

As restrições apontadas não se aplicam aos aprendizes maiores de 18 anos, o que vale também para os aprendizes com deficiência maiores.

Fica garantido o direito às férias que devem coincidir com as férias escolares, quando o aprendiz for menor de idade e estudante, sendo vedado ao empregador fixar período diverso daquele definido no programa de aprendizagem.

3.5 Formação Técnico-Profissional Metódica

Como parte das exigências do contrato de trabalho está a inscrição do aprendiz em programa de aprendizagem. A elaboração destes programas incumbe aos Serviços Nacionais de Aprendizagem ou, de forma subsidiária, a outras entidades qualificadas em formação técnico-profissional metódica.

Conforme redação do *caput* do artigo 428 da CLT, a formação técnico-profissional metódica deve guardar relação com o desenvolvimento físico, moral e psicológico do aprendiz que, por sua vez, compromete-se a executar com zelo e diligência as tarefas necessárias a esta formação.

O aprendizado, em geral, segue um encadeamento de fases necessárias à assimilação dos conhecimentos. Se feito de forma errada, afetam-se os sistemas neurológicos e psicológicos do educando, que passa a exibir dificuldades no desempenho de novas atividades[50].

---

(50) BARROS, Alice Monteiro de. *Curso de Direito do Trabalho*. 6ª Ed. São Paulo: LTr Ed., 2010. p. 570

O § 4º do artigo 428 da CLT define a formação técnico-profissional metódica como sendo aquela composta por atividades práticas e teóricas, racionalmente organizadas em tarefas de complexidade progressiva desenvolvidas no ambiente de trabalho, sob a orientação e responsabilidade de entidades qualificadas.

São entidades qualificadas a ministrar a formação técnico-profissional os Serviços Nacionais de Aprendizagem assim identificados: Serviço Nacional de Aprendizagem Industrial – SENAI; Serviço Nacional de Aprendizagem Comercial – SENAC; Serviço Nacional de Aprendizagem Rural – SENAR; Serviço Nacional de Aprendizagem do Transporte – SENAT; e Serviço Nacional de Aprendizagem do Cooperativismo – SESCOOP.

Ainda, na falta de vagas ou de cursos nas entidades supra, são qualificadas as escolas técnicas de educação, inclusive as agrotécnicas, além das entidades sem fins lucrativos que tenham por objetivos a assistência ao adolescente e à educação profissional, registradas no Conselho Municipal dos Direitos da Criança e do Adolescente.

As entidades sem fins lucrativos supra aludidas devem inscrever seus programas de aprendizagem, elaborados em consonância com as regras do Catálogo Nacional de Programas de Aprendizagem Profissional – CONAP, no Cadastro Nacional de Aprendizagem Profissional criado pela Portaria n. 723 do Ministério do Trabalho e Emprego para avaliação da competência da entidade.

Para inserção dessas entidades sem fins lucrativos no Cadastro Nacional de Aprendizagem Profissional, destinado ao cadastramento das entidades qualificadas em formação técnico-profissional metódica, é necessária avaliação pela Secretaria de Políticas Públicas de Emprego do Ministério do Trabalho e Emprego, que verificará a aptidão das entidades para ministrar programas de formação técnico-profissional que possibilitem a inclusão de aprendizes no mercado de trabalho.

O artigo 431 da CLT autoriza a contratação do aprendiz pela empresa onde se realizará a aprendizagem ou pelas entidades sem fins lucrativos.

Logo, a aprendizagem pode ser feita diretamente pela empresa, com a ressalva de que, neste caso, a empresa será supervisionada pelos Serviços Nacionais de Aprendizagem.

Uma vez que as empresas utilizem-se das entidades sem fins lucrativos qualificadas na formação técnico-profissional metódica, a contratação se dará com estas e não gerará vínculo de emprego com a tomadora de serviço, nos termos do artigo 431 da Consolidação das Leis do Trabalho.

Com base nesse dispositivo, pode-se dizer que há duas formas de aprendizagem.

A primeira ocorrerá toda vez que se utilizar do programa de aprendizagem dos Serviços Nacionais de Aprendizagem ou das Escolas Técnicas de Educação, e o vínculo de emprego se dará com o empregador, inclusive para fins de cumprimento do percentual.

A segunda, a aprendizagem sem vínculo de emprego com o empregador ou, na letra da Lei, com o tomador de serviço, é aquela em que o programa de aprendizagem é promovido pelas entidades sem fins lucrativos. O vínculo de emprego se dará com a entidade com todos os ônus daí decorrentes (artigo 15 do Decreto n. 5.598 de 2005).

Nessa hipótese, a entidade oferecerá os cursos teóricos e, se não contar com estrutura adequada, a parte prática se desenvolverá na empresa. A parte prática pode se desenvolver na entidade sem fins lucrativos desde que conte com estrutura adequada para tanto.

Importante ressalva deve ser feita. Conquanto a entidade sem fim lucrativo assuma a condição de empregadora, desde que a parte prática desenvolva-se na empresa e celebre-se contrato entre a entidade e a empresa, na qual esta se compromete a proporcionar ao aprendiz a experiência prática da formação técnico-profissional metódica, a alocação dos aprendizes na empresa importa para o cumprimento do percentual legal exigido da contratação de aprendizes, qual seja de 5% a 15%.

O programa de aprendizagem é composto de parte teórica e prática, desenvolve-se por meio de aulas demonstrativas com a faculdade do uso de equipamentos, ferramentas, em regra nas entidades qualificadas. A parte teórica equivale a no mínimo 30% e no máximo 50%

A parte prática desenvolve-se por sua vez no estabelecimento onde se designará um monitor para acompanhar o desenvolvimento dos serviços práticos. Pode também o empregador centralizar em um único estabelecimento o aprendizado prático.

Ao término do processo de aprendizagem será conferido pela entidade qualificada em formação técnico-profissional metódica um certificado de qualificação profissional (artigo 430, §2º da CLT).

3.6 Rescisão do Contrato de Aprendizagem

Como último tópico do capítulo, trataremos das hipóteses de rescisão do contrato de aprendizagem. Elas são especificadas no artigo 433 da CLT, a saber, no seu termo: quando o aprendiz atingir a idade limite de 24 anos, com a ressalva das pessoas com deficiência; de forma antecipada: por desempenho insuficiente ou inadaptação do aprendiz, falta disciplinar grave, ausência injustificada à escola ocasionando a perda do ano letivo, e a pedido do aprendiz.

Para Amauri Mascaro Nascimento[51], tem-se uma espécie de estabilidade provisória, haja vista que, no rol de possibilidades de rescisão antecipada do contrato de trabalho dos aprendizes, não está a dispensa imotivada.

O desempenho insuficiente, a inadaptação do aprendiz e a perda do ano letivo em decorrência da faltas, não obstante constituam formas de rescisão antecipada, não o são por justa causa.

Sérgio Pinto Martins traz importante constatação ao versar sobre as diferentes cotas a que se sujeitam as empresas no Brasil.

Ele aduz que "somadas as porcentagens de aprendizes e das pessoas reabilitadas ou portadoras de deficiência (sic), a empresa tem um grande porcentual a destinar para pessoas específicas. Num contexto de globalização, tais porcentuais podem diminuir as condições de concorrência na empresa no mercado. Não há dúvida de que a questão é social e necessita de consideração, porém, a empresa não pode arcar sozinha com tais hipóteses, principalmente quando empresas de outros países não têm as referidas obrigações."[52].

Esta constatação serve ao próximo capítulo.

---

(51) NASCIMENTO, Amauri Mascaro. *Curso de Direito do Trabalho*. 25ª Ed. São Paulo: Ed. Saraiva, 2010. p. 957
(52) MARTINS, Sérgio Pinto. *Direito do Trabalho*. 25ª Ed. São Paulo: Ed. Atlas, 2009. p. 618.

CAPÍTULO 4

A POSSIBILIDADE DE ADMISSÃO DE PESSOAS COM DEFICIÊNCIA COMO APRENDIZES

4.1 A Educação Profissional como Direito da Pessoa com Deficiência

A educação é um direito fundamental social previsto no artigo 6º da Carta Maior. Direitos de todos na dicção do artigo 205 *caput* e dever do Estado e da Família, com a colaboração da sociedade, visando o pleno desenvolvimento da pessoa para o exercício da cidadania e sua qualificação profissional.

A qualificação profissional encontra ressonância em outros artigos constitucionais. Com efeito, o artigo 227 determina que é dever do Estado, em conjunto com a família e com a sociedade, assegurar com absoluta prioridade o direito à profissionalização da criança, do adolescente e do jovem.

O §1º, inciso II do artigo em questão traz importante disposição a favor da integração social da criança e do adolescente com deficiência, que se fará através do treinamento para o trabalho, tendo o Estado relevante papel como artífice de programas especializados.

Por fim, o artigo 214 da Constituição Federal estabelece o plano nacional de educação, sendo relegada ao legislador infraconstitucional a tarefa de definir as diretrizes, metas e estratégias deste plano, com vigência decenal, que conduzam, entre outros objetivos, a formação para o trabalho.

No plano internacional, o Brasil ratificou a Convenção sobre os Direitos das Pessoas com Deficiência da ONU, aprovada pelo Decreto-Legislativo 186 de 2008 e promulgada pelo Decreto 6.949 de 2009 com força de emenda constitucional.

Neste instrumento, o Brasil assumiu como direito das pessoas com deficiência ambientes acessíveis e diversos direitos sociais como o trabalho e a educação.

Neste diapasão, os Estados signatários, como forma de efetivar o direito à educação, sem discriminação e com base na igualdade de oportunidades, assegurarão sistema educacional inclusivo em todos os níveis, bem como o aprendizado ao longo de toda a vida, sendo faceta deste direito o treinamento profissional, consoante item 5 do artigo 24.

Mais à frente, ao cuidar do direito ao trabalho no artigo 27, a Convenção garante como direito das pessoas com deficiência o efetivo acesso a programas de orientação técnica e profissional e a serviços de colocação no trabalho e de treinamento profissional e continuado.

Ainda, é dever dos Estados signatários promover o emprego e a manutenção deste para as pessoas com deficiência por meio de ações afirmativas e outros meios, bem como promover a ascensão profissional no mercado de trabalho deste grupo.

Com fulcro no artigo 214 da Constituição Federal, temos o plano nacional de educação promulgado pela Lei n. 13.005/2014.

O plano atual tem como uma das metas universalizar, para a população de quatro a 17 anos com deficiência, transtornos globais do desenvolvimento e altas habilidades ou superdotação, o acesso à educação básica e ao atendimento educacional especializado, preferencialmente na rede regular de ensino, com a garantia de sistema educacional inclusivo, de salas de recursos multifuncionais, classes, escolas ou serviços especializados, públicos ou conveniados.

Tem ainda como uma das metas oferecer, no mínimo, 25% das matrículas de educação de jovens e adultos, nos ensinos fundamental e médio, na forma integrada à educação profissional, sendo estratégia desta meta ampliar as oportunidades profissionais dos jovens e adultos com deficiência e baixo nível de escolaridade, por meio do acesso à educação de jovens e adultos articulada à educação profissional.

A Lei n. 7.853/1989 enumera cinco áreas principais para implementação de políticas públicas voltada às pessoas com deficiência: saúde, educação, trabalho e formação profissional, recursos humanos e treinamento de pessoal que lidam com as pessoas com deficiência, solucionando os problemas daí advindos.

O artigo 2º, parágrafo único, III da referida Lei, prescreve que na formação profissional das pessoas com deficiência devem ser adotadas ações eficazes que propiciem a inserção da pessoa com deficiência no mercado de trabalho, independente da reserva de vagas no mercado de trabalho, devendo o Poder Público adotar medidas para manutenção de empregos.

Já pela Lei de Diretrizes e Bases da Educação, a educação está pautada nos ideais de solidariedade humana (artigo 2º), tendo como princípio o respeito à liberdade e apreço à tolerância (artigo 3º, IV).

Pensamos que, na busca destes ideais, a inclusão das pessoas com deficiência em toda a cadeia de ensino é fator estimulante, dado que pela convivência entre pessoas com e sem deficiência desenvolve-se a solidariedade e a tolerância, atributos indispensáveis para a convivência harmônica.

Com base ainda na Lei n. 9.394/1996 (Lei de Diretrizes e Bases da Educação Nacional), pode-se afirmar que a educação é gênero, sendo espécie a educação profissional e subespécie a aprendizagem.

Com efeito, a educação profissional, tratada no Capítulo III, está inserta no Título V que trata dos níveis e modalidades de educação e ensino, sendo o artigo 39, § 2º da referida Lei define que a educação profissional será realizada mediante os seguintes cursos: de formação inicial e continuada ou qualificação profissional; de educação profissional técnica de nível médio; e de educação profissional tecnológica de graduação e pós-graduação.

Por sua vez, o artigo 40 da Lei determina que a educação profissional será desenvolvida em articulação com o ensino regular ou por diferentes estratégias de educação continuada, em instituições especializadas ou no ambiente de trabalho.

Já a educação para o trabalho das pessoas com deficiência está compreendida no artigo 59, IV da Lei de Diretrizes e Bases da Educação, que assim dispõe:

Artigo 59. Os sistemas de ensino assegurarão aos educandos com deficiência, transtornos globais do desenvolvimento e altas habilidades ou superdotação:

IV – educação especial para o trabalho, visando a sua efetiva integração na vida em sociedade, inclusive condições adequadas para os que não revelarem capacidade de inserção no trabalho competitivo, mediante articulação com os órgãos oficiais afins, bem como para aqueles que apresentam uma habilidade superior nas áreas artística, intelectual ou psicomotora.

A educação profissional desenvolvida em articulação com o ensino regular em instituição especializada ou no ambiente de trabalho, abrangendo desde a formação inicial até a pós-graduada, inclusive o ensinamento técnico, tem como uma das formas a aprendizagem, cujo foco é o caráter didático-pedagógico de maneira metódica, por intermédio da orientação de um responsável capacitado e sob um ambiente adequado para o aprendiz.

Pelos dispositivos apontados, é estreme de dúvidas que há um direito das pessoas com deficiência à educação profissional, direito este fundamental na letra do artigo 6º da Constituição Federal.

O acesso à educação, mormente à educação profissional, rompe com um "círculo vicioso" como bem percebe José Claudio Monteiro de Britto Filho[53].

Para o autor, desde o momento que se adotou o sistema de cotas no setor privado, este não vem sendo cumprido a contento, sendo a principal justificativa do patronato a falta de trabalhadores para preencher as vagas disponíveis. Aponta-se como motivo a baixa qualificação.

Por sua vez, as pessoas com deficiência que não possuírem meios de prover a própria manutenção nem tê-la provida pela própria família, têm direito ao benefício de prestação continuada da assistência social, regulamentado pelo artigo 20 da Lei n. 8.742/1993, o qual consiste em uma renda mensal de um salário mínimo.

Uma vez admitida, a pessoa com deficiência terá o benefício suspenso, por força do artigo 21-A da Lei n. 8.742/1993.

O desestímulo para o ingresso no mercado de trabalho formal deve-se aos baixos salários ofertados. Assim, opta-se por uma situação mais estável com o percebimento do benefício aludido.

A qualificação profissional tem o condão de ensejar melhores salários, o que ao final tornaria mais atrativo o exercício de uma profissão em detrimento do percebimento do benefício mencionado, rompendo assim com o círculo vicioso apontado pelo autor.

Importante medida tomada ao encontro de estimular as pessoas com deficiência à ingressarem no mercado de trabalho, foi a adotada pelo Estatuto da Pessoa com Deficiência.

Pela redação do artigo 94 do Estatuto, a pessoa com deficiência que passe a exercer atividade remunerada que a enquadre como segurada obrigatória do Regime Geral de Previdência Social, desde que receba benefício de prestação continuada, ou o tenha recebido nos últimos 5 anos, faz jus a auxílio-inclusão, nos termos da Lei, e desde que sua deficiência seja caracterizada como moderada ou grave.

Assim, mesmo que suspenso o benefício de prestação continuada receberá a pessoa com deficiência este auxílio, como diz o artigo pendente de regulamentação legal.

Um dos mecanismos aptos para fomentar a qualificação profissional é o que se dá pelo aumento dos contratos de aprendizagem envolvendo os integrantes deste grupo.

---

(53) BRITO FILHO, José Claudio Monteiro de. *Ações Afirmativas*. São Paulo: LTr Ed., 2012. p. 95/96.

Pela maior qualificação profissional promovida pela aprendizagem, o resultado final é a melhoria na eficácia do programa de ação afirmativa adotado, haja vista que a dificuldade de encontrar pessoas com deficiência estaria suplantada ou no mínimo amenizada.

Ciente do dilema enfrentado pelas pessoas com deficiência, a Lei n. 8.742/93, que cuida da organização da assistência social, determina em seu artigo 21-A a não suspensão do benefício de prestação continuada por motivo da contratação da pessoa com deficiência como aprendiz. É forma de estímulo à este agrupamento humano a busca por uma maior qualificação com vistas a adentrar no mercado de trabalho.

Reza a Lei:

> Artigo 21-A. O benefício de prestação continuada será suspenso pelo órgão concedente quando a pessoa com deficiência exercer atividade remunerada, inclusive na condição de microempreendedor individual.
>
> [...]
>
> § 2º. A contratação de pessoa com deficiência como aprendiz não acarreta a suspensão do benefício de prestação continuada, limitado a 2 (dois) anos o recebimento concomitante da remuneração e do benefício.

Daí a importância da aprendizagem para as pessoas com deficiência que trataremos a seguir.

4.2 A Aprendizagem da Pessoa com Deficiência

A Constituição Federal assegura o direito ao trabalho como direito social.

Com vistas a tornar efetiva a norma constitucional, o legislador infraconstitucional instituiu o sistema de cotas no setor privado para as pessoas com deficiência.

Contudo, o objetivo não foi alcançado, posto que o setor empresarial encontra grande óbice para contratação: a falta de capacitação. Logo, o problema central para conseguir e manter um emprego é a educação.

Não obstante, o grande entrave para o setor privado em cumprir o sistema de cotas estar na baixa qualificação profissional das pessoas com deficiência, isso não impede uma série de autuações fiscais, haja vista que esta carência, de fato verificável, não exime as empresas de contratar.

Para a garantia da eficácia social da Lei de Cotas a legislação deve evoluir adaptando-se à realidade social mutável.

Com efeito, a falta de educação sujeita a pessoa deficiente a atividades simples, dada a extrema dificuldade no desenvolvimento profissional, o que estimula a pessoa com deficiência a permanecer fora do mercado do trabalho, reduzindo a oferta de mão de obra, percebendo o benefício de prestação continuada, como supra demonstramos. Em última análise, ainda, é fator que não atende a dignidade da pessoa humana e não corresponde ao ideário constitucional.

Para haver dignidade, o escopo trabalho não se cinge à simples sobrevivência. Deve-se propiciar maior possibilidade de crescimento pessoal e profissional, com mais salário e qualidade de vida, o que se faz pela qualificação profissional. Como meio de solução, as empresas podem se socorrer de entidades sem fins lucrativos especializadas em formação profissional de pessoas com deficiência ou, alternativamente, utilizam-se do sistema S ou escolas técnicas.

Acompanhamos Maria Aparecida Gugel ao afirmar que "Para o adolescente com deficiência que detém os mesmos direitos de todos em decorrência do princípio da proteção integral, o Estado deve exercitar seu poder promocional, com participação de entidades não governamentais (ou sem fins lucrativos, conforme consta na Lei de Aprendizagem), na criação de programas que visem integrá-lo socialmente, mediante o treinamento para o trabalho e a convivência, e a facilitação do acesso aos bens e serviços coletivos, com a eliminação de preconceitos e obstáculos arquitetônicos (227, II da Constituição)"[54].

Prossegue Maria Aparecida Gugel[55] elencando os reais proveitos da colocação da pessoa com deficiência na qualidade de aprendiz.

Propicia-lhes interagir no ambiente de trabalho e na escola com outras pessoas, deficientes ou não, de maneira a formar uma sociedade inclusiva.

Com a aprendizagem, ao permitir a profissionalização, a pessoa com deficiência terá condições de alcançar a qualificação em uma atividade, pressuposto indispensável de um futuro contrato de trabalho, podendo concorrer com mais igualdade a uma vaga de trabalho, atendendo o comando constitucional da busca do pleno emprego (artigo 170, VIII da Constituição), dando efetividade à Lei de Cotas.

---

(54) GUGEL, Maria Aparecida. *Pessoas com deficiência e o Direito ao Trabalho*. Reserva de cargos em empresas, emprego apoiado. Santa Catarina: Ed. Obra Jurídica, 2007.p. 174

(55) Ob. Cit. p. 175

Finalmente, é mecanismo de imposição para o Estado que deve garantir a educação de qualidade, de preferência em rede regular de ensino.

Como forma de incentivo à contratação do aprendiz com deficiência, a Lei n.11.180/2005 alterou a redação de alguns artigos da CLT.

Assim, o limite de idade 14 anos e 24 anos como início e fim, respectivamente, do contrato de trabalho não se aplica à pessoa com deficiência, nos termos do § 5º do artigo 428 da CLT.

Essa medida atende aos interesses da pessoa com deficiência, tendo em vista que a falta de acesso à educação regular ou a tardia escolarização dificulta a possibilidade de contratação das pessoas com deficiência.

A Lei n. 11.180/2005, por não mais estabelecer teto de idade para que as pessoas com deficiência, mostrou-se sensível à condição precária de escolarização destas pessoas, que muitas vezes necessitam de mais tempo para se adaptarem ao trabalho.

O parágrafo sexto do artigo 428 da CLT, com relação à pessoa com deficiência, diz que a comprovação de escolaridade do aprendiz com deficiência prioriza as habilidades e competências relacionadas com a profissionalização.

Este dispositivo atende particularmente as pessoas com deficiência mental, pois o tempo de aprendizagem deve ser flexível e adaptável, valorizando áreas de facilidade do aprendizado e apoiando áreas de dificuldade.

Embora tenha prazo de vigência máxima de dois anos, este dispositivo não se aplica ao aprendiz com deficiência, consoante artigo 428, § 3º da CLT.

4.3 A Cumulação de Cotas da Lei 8.213/1990 e da Lei de Aprendizagem

Pelo atual contexto do mercado de trabalho e o crescente desemprego estrutural, verificamos que a aprendizagem é uma importante alavanca para atingir maior qualificação, importando melhores salários e condições de empregabilidade.

Hodiernamente, o trabalho exige do trabalhador uma qualificação constante e profissionalização flexível, capaz de atender o atual paradigma de produção marcado pelos avanços tecnológicos, novas formas de organização do trabalho, redução de custos, objetivando a maior competitividade.

Daí o liame entre qualificação e trabalho nos dias atuais.

As pessoas com deficiência possuem o direito ao trabalho digno. Pensamos que para tanto não bastar garantir qualquer trabalho. Para se ter dignidade, o escopo do trabalho não se cinge à simples sobrevivência.

Deve-se propiciar maior possibilidade de crescimento pessoal e profissional, com mais salário e qualidade de vida, o que se faz pela qualificação profissional.

Conquanto seja garantido pela discriminação, as pessoas com deficiência enfrentam dificuldade em alcançar um emprego. Assim, criou-se, com base na igualdade de oportunidades, uma ação afirmativa consistente na reserva de vagas no mercado de trabalho, ou seja, sistema de cotas, com vistas ao acesso democrático ao direito fundamental ao trabalho e aos recursos da sociedade.

Dispõe o artigo 93 da Lei 8.213/1991 que as empresas com 100 ou mais empregados estão obrigadas a preencher de 2% (dois por cento) a 5% (cinco por cento) dos seus cargos com beneficiários reabilitados ou pessoas com deficiência.

Como a simples reserva de vagas não tem o condão garantir a contratação, faz se mister uma revisão da ação afirmativa implementada.

Tendo a baixa qualificação como principal causa a ensejar o não cumprimento da Lei de Cotas, criou-se a possibilidade de contratação da pessoa com deficiência por meio da aprendizagem.

Entretanto, há uma dúvida: é possível a cumulação de cotas, a da Lei 8.213/1991 com a da aprendizagem prevista no artigo 429 da CLT, a saber, de 5% a 15% dos trabalhadores, em cada estabelecimento, que demandem formação profissional?

Não obstante as razões a serem apontadas, o Ministério do Trabalho e Emprego entende que as cotas de aprendiz e da Lei n. 8.213/1991 não podem ser cumuladas[56].

Mas entendemos que deve haver a cumulação.

Com efeito, a Convenção sobre os Direitos das Pessoas com Deficiência da ONU prescreve como obrigação dos Estados signatários a promoção do emprego e a manutenção deste para as pessoas com deficiência por meio de ações afirmativas e outros meios, bem como a promoção da ascensão profissional no mercado de trabalho deste grupo.

---

(56) Disponível em: http://portal.mte.gov.br/fisca_trab/o-aprendiz-com-deficiencia-pode-contar-simultaneamente-para-a-cota-de-aprendizagem-e-de-pessoas-com-deficiencia.htm. Acesso em 11.05.2015

É sabido que a promoção, manutenção e ascensão no emprego, mormente no sistema capitalista atual, exigem qualificação como forma de garantia de trabalho digno. Logo, é dever constitucional garantir a contratação das pessoas com deficiência como aprendizes, o que se faz observando a igualdade de oportunidade.

Isto porque a mesma Convenção determina que, com base na igualdade de oportunidades, os Estados signatários devem assegurar às pessoas com deficiência o acesso ao sistema educacional, o que envolve o treinamento profissional, como foi observado.

Destarte, a cumulação de cotas é mecanismo de promoção da contratação das pessoas com deficiência como aprendizes, em igualdade de oportunidade, pois ao tratar desigualmente no início os aprendizes com deficiência, ao final os iguala aos aprendizes sem deficiência, proporcionando assim a observância da Lei de Cotas, porquanto haverá maior qualificação profissional para pessoas com deficiência e maior igualdade social entre as pessoas com e sem deficiência.

Não há que se falar em diferentes naturezas dos contratos de trabalho, aqueles do sistema de contas e estes da aprendizagem a obstar a cumulação.

Isto porque a aprendizagem, por expressa determinação legal, é contrato de trabalho, como foi demonstrado no capítulo anterior.

Ademais, a finalidade da Lei de cotas não se cinge unicamente em dar trabalho, sendo que a qualificação profissional tornou-se por vezes condição *sine qua non* para tanto. A Lei tem como finalidade criar mecanismos de integração socioeconômica destas pessoas.

A Lei de Cotas, além de proporcionar trabalho, tem outra função: a inclusão social e a busca do pleno emprego. O obstáculo de falta de qualificação profissional e, portanto, óbice ao pleno emprego, perpetuar-se-á se não for garantido às pessoas com deficiência situação mais favorável para contratação como aprendizes.

O pleno emprego e a inclusão social encontram forte aliado na cumulação de cotas, promovendo por meio do trabalho e da aprendizagem a inclusão social e garantindo o pleno emprego.

Isto não implica que a cota de aprendizes suprirá a da reserva de vagas da Lei n. 8.213/1991. Não, primeiro porque os percentuais são diversos; segundo porque a cota da aprendizagem é calculada em percentual do total de trabalhadores cuja função demanda a formação profissional, o que por certo não abrange todas as vagas de trabalho no estabelecimento, a que se prestam outras formas de qualificação profissional.

Outra justificativa para a cumulação está no princípio da proporcionalidade.

Como bem observou Sérgio Pinto Martins ao tratar das diferentes cotas a que se sujeitam as empresas no Brasil, "somadas as porcentagens de aprendizes e das pessoas reabilitadas ou portadoras de deficiência (sic), a empresa tem um grande porcentual a destinar para pessoas específicas. Num contexto de globalização, tais porcentuais podem diminuir as condições de concorrência na empresa no mercado. Não há dúvida de que a questão é social e necessita de consideração, porém, a empresa não pode arcar sozinha com tais hipóteses, principalmente quando empresas de outros países não têm as referidas obrigações."[57]

Na concretização dos direitos sociais em face da característica da limitabilidade dos direitos fundamentais, é preciso ater-se ao princípio da proporcionalidade que determina considerar o interesse de todos os envolvidos e que, uma vez observado, atende-se ao princípio da isonomia.

Isso porque, no caso de colidência de direitos fundamentais, o trabalho de um lado e a propriedade de outro, a maneira não só eficaz, mas igualmente menos gravosa, com o mínimo de restrição possível dos direitos fundamentais, somente se observará no trato de situações desiguais desigualmente na exata medida da desigualdade.

Nesse sentido, a nossa Constituição ao lado dos valores sociais do trabalho tem igualmente como fundamento a livre iniciativa, de forma que deve haver equilíbrio entre ambos os fundamentos do nosso Estado Democrático, e uma vez equacionados, um não deve suprir o outro, pelo contrário, a solução adotada deve comportar todos os interesses envolvidos.

Finalmente, com a cumulação haveria a possibilidade do imediato ingresso das pessoas com deficiência no mercado de trabalho, oportunizando a estas demonstrar suas capacidades, sendo em ultima análise fator positivo para quebra dos preconceitos. Finalmente, acarretaria maior independência financeira da pessoa com deficiência, aumentando sua autoestima, autoconhecimento, independência e autonomia.

Isso porque a cumulação de cotas permite que a empresa participe da formação do menor que, ao término do contrato de aprendizagem, poderá integrar o quadro de empregados.

---

(57) MARTINS, Sérgio Pinto. *Direito do Trabalho.* 25ª Ed. São Paulo: Ed. Atlas,2009 p. 618.

CONCLUSÃO

Verificou-se no primeiro capítulo que o princípio da dignidade da pessoa humana, no contexto do pós-positivismo, reveste-se de cunho constitucional, haja vista ser Fundamento do Estado Brasileiro, determina unidade do sistema e condiciona a atividade dos participantes deste sistema, tornando o ser humano sujeito de direito.

Dentro das funções da dignidade da pessoa humana, a de prestação determina ao Estado e aos atores sociais que estes promovam ações, dando condições de o indivíduo exercer sua dignidade.

É certo ainda que dentro do modelo de Estado Democrático de Direito, a Constituição, com vistas a promover mudanças sociais democráticas, elenca série de objetivos que demandam não só a abstenção de medidas supressoras dos direitos individuais, políticos e sociais, mas atitudes positivas para efetivação do princípio da dignidade da pessoa humana.

Os direitos fundamentais são manifestações prévias do constituinte originário do conteúdo da dignidade. Estes são classificados em dimensões, sendo que a certa categoria de direitos fundamentais, os sociais, em cuja categoria inclui-se o direito ao trabalho, faz-se mister prestações para sua implementação.

Verifica-se que pelas características dos direitos fundamentais, mormente a limitabilidade e a concorrência, na hipótese de embate entre direitos fundamentais, à vista de que os direitos fundamentais não são absolutos, pelo contrário, são limitáveis, a solução está no princípio da proporcionalidade, que propugna pela mínima restrição possível entre os direitos fundamentais conflitantes e observância de todos os interesses envolvidos.

Os atores sociais representam por vezes os maiores responsáveis pela violação dos direitos fundamentais, a par do Estado, daí defende-se a possibilidade dos efeitos horizontais dos direitos fundamentais, que nada mais é do que a eficácia destes entre particulares.

Assim, busca-se preservar a autonomia privada com respeito aos direitos fundamentais, pois o lucro não é proibido, mas tem como contraponto o respeito pelos direitos fundamentais e a busca pela redução da marginalidade e da pobreza, mormente por ser o salário principal forma de distribuição de renda.

É a disciplina do mercado sob a primazia do interesse social, na busca pela justiça social.

Verificamos que, na conquista dos direitos fundamentais, certos grupos humanos, por fatores diversos, estão em condições desiguais com os demais, de forma que se deve criar, na disputa pela concretização destes direitos, desigualdades no início da disputa para ao final haver igualdade entre os diversos grupos humanos.

Assim, as ações afirmativas estão umbilicalmente relacionadas com a igualdade, mormente a igualdade de oportunidade.

Dentre estes grupos desfavorecidos, as pessoas com deficiência merecem atenção. Este grupo carrega o estigma da incapacidade para vida social e inaptidão para o trabalho.

Desta feita, a discriminação perpetrada pela sociedade serve de substrato para que haja uma diferenciação legal pelo sistema de cotas, pois estão preenchidos todos os elementos válidos para que a discriminação feita por Lei trate desigualmente os desiguais.

Serve o sistema de cotas de instrumento de inserção social da pessoa com deficiência, por meio do trabalho, rompendo o preconceito e a discriminação histórica, contribuindo para o combate à desigualdade social, à pobreza e a marginalização, e promovendo o bem de todos. Finalmente, é importante ferramenta na busca pelo pleno emprego.

Verificamos que o atual paradigma da Política direcionada às pessoas com deficiência é pela inclusão social, cujo conteúdo é dado pela Constituição Federal pelo elenco de direitos fundamentais, dentre os quais o direito ao trabalho e à educação nos são mais próximos, e pela Lei infraconstitucional, com expressa previsão da formação profissional.

Observamos que as pessoas com deficiência são inseridas no mercado de trabalho de forma protegida, sendo que importa para fins de preenchimento da reserva de vagas os modos de contratação: seletiva com adoção de procedimentos e apoios especiais; seletiva com a intermediação das entidades beneficentes quando a contratação se der pelas empresas privadas; seletiva por meio de oficinas protegidas de produção quando a contratação se der pelas empresas privadas.

São obrigadas a cumprirem a Lei as empresas com 100 ou mais empregados, inobstante o número de estabelecimentos, sendo condicionada a dispensa sem justa causa da pessoa com deficiência ou reabilitada à contratação de outra em condições iguais, incumbindo ao Ministério Público do Trabalho fiscalizar o cumprimento das cotas pelas empresas.

No terceiro capítulo, verificamos que a falta de qualificação profissional das pessoas com deficiência é o principal fator aventado pelas empresas para o não cumprimento das cotas.

Assim, o legislador sinaliza a aprendizagem das pessoas com deficiência como ferramenta para promoção da capacitação profissional.

Nesse diapasão, verificamos ser a educação um direito fundamental de todos, destinada ao pleno desenvolvimento da cidadania e à qualificação para o trabalho. Sendo o treinamento para o trabalho forma constitucional adotada para inserção social da pessoa com deficiência.

Faz parte da política pública voltada às pessoas com deficiência a formação profissional. Por sua vez, a Convenção sobre os Direitos das Pessoas com Deficiência da ONU, aprovada com força de norma constitucional, garante às pessoas com deficiência treinamento profissional em igualdade de oportunidade.

O principal fator para conquista, manutenção e ascensão profissional, principalmente no sistema capitalista moderno, marcantemente tecnológico, é a formação profissional do trabalhador, que por consequência tem o condão de promover a dignidade da pessoa humana, haja vista gerar melhores condições de vida, com mais renda e prestígio.

Ciente desta condição, é possível a contratação das pessoas com deficiência na qualidade de aprendizes, sendo deferido tratamento díspare a esta categoria de aprendizes, retirando a idade limite para contratação do aprendiz, priorizando as habilidades e competências do aprendiz com deficiência e estendendo o prazo de duração do contrato.

Tem-se, portanto, na aprendizagem uma importante forma de alcançar maior igualdade e eficácia da ação afirmativa adotada, qual seja o sistema de cotas, atendendo igualmente à Constituição Federal na busca pelo pleno emprego.

Contudo, há certa celeuma em admitir que sejam as cotas destinadas às pessoas com deficiência no setor privado cumuladas com as cotas destinadas aos aprendizes com deficiência.

Entendemos ser salutar a cumulação, pois serve de alavanca para a efetividade das Lei de Cotas, ao permitir à empresa a participação na formação do aprendiz com deficiência, para ao final contratá-lo, promovendo o imediato ingresso no mercado de trabalho.

É direito das pessoas com deficiência o treinamento profissional em igualdade de oportunidade, nos termos da Convenção sobre os Direitos das Pessoas com Deficiência da ONU, o que implica dizer condições iniciais distintas entre aprendizes com e sem deficiência, para resultar ao final em igualdade.

Em relação às empresas obrigadas a cumprirem ambas as cotas, há igualmente que se observar a mínima restrição no direito fundamental de propriedade, posto que, na colidência deste com o direito também fundamental ao trabalho, vige a regra da proporcionalidade.

Frise-se que o Estado Democrático brasileiro garante em igual medida a livre iniciativa e os valores sociais do trabalho, logo, no embate do direito à propriedade e ao trabalho, todos os interesses devem ser abrangidos.

Finalmente, aponta-se como fundamento para cumulação a finalidade do sistema de cotas, que não se cinge em garantir qualquer trabalho, conquanto seja por vezes condição *sine qua non* para tanto a qualificação profissional. Tem como escopo maior a integração socioeconômica das pessoas com deficiência, proporcionando sua inclusão social e, concomitantemente, efetivando o princípio do pleno emprego.

Pelas razões expostas, a aprendizagem é fator de fomento ao cumprimento da Lei de Cotas, devendo cumular as cotas de aprendizes com deficiência e a do sistema de reserva de vagas no setor privado.

ADENDO

O GESTOR DE RH E A QUESTÃO DO MENOR APRENDIZ E DO PORTADOR DE NECESSIDADES ESPECIAIS

Ambas as questões justificam ampla atenção e acurados cuidados por sua complexa natureza social e pelos rigores da regulação jurídica. Os gestores de RH precisam examiná-las e às suas empresas, nesse caso quanto ao nível de preparo ou de adequação para transitar pelas práticas pertinentes, sem ensejar riscos trabalhistas, sempre desnecessários, e, ao mesmo tempo, para contribuir na ampliação do alcance social.

O primeiro passo é o estudo pormenorizado dos diplomas legais que foram dissecados de forma didática nesse livro. Uma leitura cuidadosa de cada capítulo, enquanto se projeta na mente uma espécie de "tela" cobrindo o cenário da empresa e suas especificidades, são ações que certamente levarão os gestores de RH ao desejado patamar de informação a respeito das matérias. Por outro lado, é um estudo que favorece a segurança pessoal no trato da multiplicidade de práticas legais e administrativas, de modo que se assegure a importante vitalidade operacional, protegendo as pessoas contra constrangimentos e a empresa contra prejuízos.

O segundo passo é rever as descrições de cargos e funções existentes na empresa e, nessa revisão, identificar com precisão aqueles que podem acolher menores aprendizes e com necessidades especiais, sempre salvaguardando a proteção, a saúde e o bem-estar das pessoas. Revisados os cargos e funções e analisados os seus detalhes, recomenda-se a sua nova descrição e, quando for o caso, a depender de acordos com entidades sindicais, buscar a devida apreciação, quando não a própria referendação.

O terceiro passo, que pode ser concretizado em paralelo ou mesmo antes dos anteriores, é um processo de educação interna: montagem e execução de palestras nas quais os temas sejam tratados e as dúvidas sobre eles devidamente esclarecidas, envolvendo todos os ocupantes de cargos de gestão e o maior número possível de pessoas de outros escalões, notadamente daqueles que terão os menores aprendizes e pessoas com necessidades especiais em convivência diária. Trata-se de educar para os aspectos legais (proteção da empresa), para os aspectos psicológicos (proteção das pessoas) e para os aspectos sociais (proteção da comunidade interna).

O quarto passo, infelizmente negligenciado na quase totalidade das empresas, é a educação dos próprios menores aprendizes e pessoas com necessidades especiais. Essas pessoas, nos termos absolutos da Lei, no que tange à igualdade cidadã (vide o artigo 5º da Constituição Brasileira de 1988), precisam também entender que lhes cabem deveres e obrigações, de modo que possam ajustar-se aos entornos social e organizacional e contribuir, dessa forma, para a tão importante harmonia nas relações interpessoais, em todos os níveis e tipos de ocorrência.

O quinto passo é elaborar e implantar um processo sistemático de auditoria interna para que sejam analisadas, algumas vezes por ano, as condições e comportamentos relativos aos menores aprendizes e às pessoas com necessidades especiais. Com esse cuidado, a gestão de RH estará promovendo o enraizamento da cultura de respeito aos envolvidos, assim como assegurando os subsídios aos gestores de equipes quanto ao manejo de eventuais situações de dificuldades ou conflitos. E nunca é demais lembrar: auditorias preventivas são excelentes práticas de combate às possibilidades de ações trabalhistas.

O sexto passo é acompanhar os fatos que orbitam essas questões e que se mostram disponíveis nos diversos foros: nos tribunais, na imprensa, nas entidades de classes e outras, para o acompanhamento do que esteja acontecendo. A natureza de reclamatórias trabalhistas, por exemplo, pode fornecer indicadores com potenciais de utilização pela empresa no que tange ao aperfeiçoamento e à consolidação das suas políticas e práticas nos campos dos menores aprendizes e das pessoas com necessidades especiais.

Enfim: assuntos de natureza estratégica merecem um tratamento também em nível estratégico e cabe aos gestores de RH a escolha de como os administrarão: se cumprindo o estrito teor das leis ou, a par dos aspectos legais, uma administração inteligente, o que valer dizer com técnica e ética.

Fonte: Consultor em RH Benedito Milioni, São Paulo, SP.

REFERÊNCIAS BIBLIOGRÁFICAS

AGRA, Walber de Moura. Direitos Sociais, in Tra MARTINS, Ives Gandra da Silva; MENDES,Gilmar Ferreira; NASCIMENTO, Carlos Valdir (Coords.) Tratado de Direito Constitucional 1, São Paulo: Ed. Saraiva, 2010.

ARAÚJO, Luiz Alberto David – (Coordenador), Defesa dos Direitos das Pessoas Portadoras de Deficiência. São Paulo: LTr Ed. 2006.

ARAÚJO, Luiz Alberto David – (Coordenador), Direitos da Pessoa Portadora de Deficiência uma tarefa a ser completada. São Paulo: LTr Ed. 2003

ARAÚJO, Luiz Alberto David. A proteção constitucional das pessoas portadoras de deficiência. 2ª ed., Brasília: Programa Nacional de Direitos Humanos. Ministério da Justiça, 1997.

ARAÚJO. Luiz Alberto David. Curso de Direito Constitucional. 4ª ed., São Paulo: Ed. Saraiva, 2001.

BARROS, Alice Monteiro de. Curso de Direito do Trabalho. 6ª Ed., São Paulo: LTr Ed. 2010.

BOBBIO, Norberto. A Era dos Direitos. Tradução Carlos Nelson Coutinho. 9ª tiragem, Rio de Janeiro: Ed. Elsevier, 2004.

BRITO FILHO, Claudio Monteiro de. Ações Afirmativas. São Paulo: LTr Ed. 2012.

CASSAR, Vólia Bomfim. Direito do Trabalho. 6ª Ed. Niterói: Ed. Impetus, 2012.

CEZAR, Kátia Regina Pessoas com Deficiência Intelectual Inclusão Trabalhista Lei de Cotas, São Paulo, LTr Ed., 2012.

DELGADO, Mauricio Godinho. Curso de Direito do Trabalho. 7ª Ed, São Paulo: LTr Ed., 2008.

FERREIRA FILHO, Manoel Gonçalves. Aspectos Jurídicos das Ações Afirmativas. Revista do Tribunal Superior do Trabalho. Ano 69, n. 2, jul/dez, 2003, p. 72/79..

GOLDFARB, Cibelle Linero. Pessoas Portadoras de Deficiência e a Relação de Emprego. O sistema de cotas no Brasil. Curitiba: Ed. Juruá, 2007.

GUGEL, Maria Aparecida. Pessoas com deficiência e o Direito ao Trabalho. Reserva de cargos em empresas, emprego apoiado. Santa Catarina: Ed. Obra Jurídica, 2007.

KELLER, Werner. O Direito ao Trabalho como Direito Fundamental instrumentos de efetividade. São Paulo: LTr Ed. 75, março 2011

LIMA, Firmino Alves. Mecanismos Antidiscriminatórios nas Relações de Trabalho. São Paulo: LTr Ed. Nov. 2006

LOPES, Glaucia Gomes Vergara. A inserção do portador de deficiência no mercado de trabalho: a efetividade das leis brasileiras. São Paulo: LTr Ed., agosto de 2005.

MARTINS, Sérgio Pinto. Direito do Trabalho. 25ª Ed. São Paulo: Ed. Atlas, 2009.

MELLO, Celso Antônio Bandeira de. Conteúdo Jurídico do Princípio da Igualdade. 3ª Ed. 9ª Tiragem. São Paulo: Ed. Malheiros, 2001.

MELLO, Celso Antônio Bandeira de. Princípio da isonomia: desequiparações proibidas e desequiparações permitidas. Revista Trimestral de Direito Público, n.1/1993, p.79/83.

MELO, Sérgio Fernando de. Aprendizagem empresária: aspectos econômicos e sociais. São Paulo: LTr Ed., 2012.

NASCIMENTO, Amauri Mascaro. Curso de Direito do Trabalho. 25ª Edição, São Paulo: Ed. Saraiva, 2010.

NASCIMENTO, Amauri Mascaro. O Direito do Trabalho analisado sob a perspectiva do princípio da igualdade. Revista LTr. N. 7, vol. 68, jul. 2004, p. 777/787

PIOVESAN, Flávia. Direitos Humanos e o Trabalho: principiologia dos direitos humanos aplicada ao direito do trabalho. Revista do Advogado, AASP, p. 65/81.

SARLET, Ingo Wolfgang. Dignidade da Pessoa Humana e Direitos Fundamentais na Constituição Federal de 1988. 9ª Ed .Porto Alegre: Editora Livraria do Advogado,2011.

SILVA, José Afonso da. A Dignidade da Pessoa Humana como Valor Supremo da Democracia. Revista de Direito Administrativo, n. 212, RJ, 1998, p. 89/94.

SILVA, José Afonso da. Curso de Direito Constitucional Positivo. 15ª Ed. São Paulo: Ed. Malheiros, 1998.